辅导的逻辑

成为导师型管理者

周 瑞 周 涛◎著

中国财富出版社有限公司

图书在版编目（CIP）数据

辅导的逻辑：成为导师型管理者 / 周瑞，周涛著 . —北京：中国财富出版社有限公司，2021.7

ISBN 978-7-5047-7464-4

Ⅰ . ①辅… Ⅱ . ①周… ②周… Ⅲ . ①企业内部管理—研究 Ⅳ . ① F272.3

中国版本图书馆 CIP 数据核字（2021）第 119220 号

策划编辑 张彩霞 谢晓绚　　**责任编辑** 周 畅

责任印制 尚立业　　**责任校对** 卓闪闪　　**责任发行** 杨 江

出版发行	中国财富出版社有限公司		
社　　址	北京市丰台区南四环西路 188 号 5 区 20 楼	**邮政编码**	100070
电　　话	010-52227588 转 2098（发行部）		010-52227588 转 321（总编室）
	010-52227588 转 100（读者服务部）		010-52227588 转 305（质检部）
网　　址	http://www.cfpress.com.cn	**排　　版**	宝蕾元
经　　销	新华书店	**印　　刷**	宝蕾元仁浩（天津）印刷有限公司
书　　号	ISBN 978-7-5047-7464-4/F・3314		
开　　本	710mm × 1000mm 1/16	**版　　次**	2021 年 8 月第 1 版
印　　张	14.25	**印　　次**	2021 年 8 月第 1 次印刷
字　　数	211 千字	**定　　价**	58.00 元

序　言

辅导的价值在组织内部一直被低估!

为什么我非常认同辅导对于人才发展的重要意义呢？这要从我个人的经历说起。

我曾经在一家外企工作过近10年，经历了4个岗位，每次岗位变动时企业都会为我配备一位导师。在我接手新工作的至少半年里，导师扮演着不同的角色：老师、师傅、教练、引路人，甚至是灵魂的唤醒者……他帮助我在很短的时间内快速成长，无论是岗位技能的提升还是心智的成熟。辅导期结束后，我们的正式辅导关系也结束了。如果我更换了新的岗位，又有新的导师带我走入下一个学习旅程……

可以说，我从中获益颇多,也希望您与我一样!

“现代导师制”与“一日为师，终生为师”的传统导师制有很大的不同。过往的“传统的、散养式”的“师傅带徒弟”，已经跟不上现代化企业的业务要求。我们不可能要求员工用“自己看、自己学甚至自己悟”这种散漫的方式学习某项技能。我们需要的是围绕目标达成、绩效改善和员工长期职业发展而开展的辅导。

因此，辅导期的任务是计划性、目标性、业务导向性的；甚至师徒关系也是暂时的；每个人在不同的工作阶段应该有不同的导师。我把它称为结构化的导师制。

为了支持我们的业务达成，为了让新人尽快胜任工作岗位，缩短成长时间，完成既定的业务目标，我们要的导师辅导应该是这样的：

第一，设立明确、可衡量的发展目标。比如，6个月或1年后，被辅导的员工要达成的业务指标是什么；他应该有什么样的行为表现；他的短期、中期和长期的发展前景是怎样的。

第二，明确安排辅导者与被辅导者的合作关系。辅导双方的匹配也是围绕目标进行的，师徒双方的背景、专业、兴趣、风格等都可能影响辅导的效果。

第三，辅导者与被辅导者的关系是暂时的。每一项目的周期通常为6至12个月。这种关系是阶段性的、暂时的。过了几年，员工可能要更换其他导师，因为他的工作任务或者职位变了。

第四，被辅导者是被重点关注的。辅导效果好不好，主要是看被辅导者在既定时间内是否达到了期望目标，这与辅导者在辅导过程中是否尽职尽责有关，但是被辅导者的过往经验、学习偏好、个性特征等需要更多关注。

第五，明确告知双方，“辅导的益处是双向的”。在项目开始之前，要让辅导者了解到，在辅导他人过程中，自己也获益匪浅。比如，辅导新员工在某种程度上和辅导下属是相通的，这为辅导者将来走上领导岗位奠定了管理基础；辅导者有机会梳理自己多年的实践经验，将其逻辑化、结构化地呈现给新手，同时锻炼了自己的人际沟通、问题解决和团队协作的能力等。

那么，如何做好一位导师呢？换句话说，如何能够在辅导他人的同时，又能够成就自己呢？这就需要每位辅导者理解“辅导的逻辑”。

辅导的技巧是大家关注的重点。我想说，辅导者不是通过“告知”让被辅导者学会某件事情，因为被辅导者的问题可能根本没有“标准答案”，所以我们不能仅靠过往的经验“告知”答案。我们需要引导被辅导者学习一些技巧，鼓励他们，唤醒他们内在的动力，引导他们自己去解决问题，这是改善员工绩效和发展人才的必经之路。

正像书里提到的，在辅导的过程中，很多辅导者根据过往经验给出“答案”；但被辅导者面临的问题可能是病构问题（不同场景下答案可能不同），必须通过一些技巧挖掘其潜能，可以称之为教练式辅导。

除此之外，理解辅导背后的心理学和脑科学能够帮助您“知其然”，还“知其所以然”。所以，本书介绍了脑科学在辅导中的应用知识，以期帮助您在辅导过程中不仅关注辅导的“技法”，还更加关注“心法”。

“辅导风格”是本书的一个补充内容，辅导者需要知道自己的辅导优势和风格，了解自己的擅长和需要改进之处，同时要有快速判断被辅导者的学习偏好的能力，从而能够做到临时调整辅导策略，以适应不同被辅导者的风格。只有“知己知彼”才能建立良好的辅导关系，与被辅导者一起完成接下来的学习旅程。

周涛

2021年7月1日于上海

导 言

辅导本质上是一种关系，是一种通过对话建立联系的系统。彼得·圣吉认为，系统中的关系应包括我与我的关系、我与他人的关系以及我与世界的关系。知识管理大师野中郁次郎在研究知识创造中也发现，个人、团队、组织和环境之间的知识是相互转化的，这一过程是螺旋式上升的过程。职场中的辅导系统也应该包括辅导者与自我的关系、辅导者与被辅导者的关系、辅导双方与团队沟通的关系、辅导双方与组织愿景使命的关系。

领导力之父沃伦·本尼斯在研究领导力的过程中，也有过类似的发现。本尼斯团队曾耗时两年采访了90位领导者，其中60位是成功的CEO（首席执行官），30位是公共服务领域的杰出领导者。基于此采访调研，本尼斯在《领导者》一书中专门论述“领导者是什么样的人”，并得出了以下四大策略。

策略一：通过愿景唤起专注。

策略二：通过沟通赋予意义。

策略三：通过定位赢得信任。

策略四：通过自重和沃伦达因素[1]实现自我成长。

由此可以看出，本尼斯提出的四大策略与辅导系统的四种关系是一致的，通过自重和沃伦达因素，能够清晰地认知自我、明确角色和促进成长；通过知己知彼、调整匹配，能够赢得彼此信任；通过有效、高质量的对话沟通，

---

① 指专注于积极的目标的能力，把精力倾注在任务上的能力，而非向后看、为过去的事件寻找借口，也就是承担风险的能力。

能够赋予工作协同、团队协作更多的意义和价值；通过愿景方向和使命志向的融合，能够激励辅导双方向同一个方向前行。

基于此，我们提出辅导体系的逻辑框架，主要包括以下四部分。

一、角色与认知

本尼斯用“自重”来形容领导者的自我管理和认知，提出“自重”的三个要素。

（1）认识到自己的长处，设法弥补自己的短处，是走向自我认识的第一步。

（2）严格自律，培养自己的技能，不断增强自己的才干，具备“自我进化”的能力。

（3）察知自己的能力与工作的要求是否匹配。

从工作和职业的角度来看，自重的人能够做好自己的工作，具备工作所需的技能。他们喜爱自己的工作，能够从中满足自己的基本需求和动机。而且，他们为自己的工作感到自豪，工作反映了他们的价值观。

辅导不同于教育、培训、引导和教练，也不同于一般意义上的管理和领导，辅导者需要对自己的角色和身份有清晰的认知。辅导不只是经验传递，还是思想开启；辅导不只是授人以鱼，还要授人以渔；辅导不只是完成当下的任务，达成绩效目标，还要着眼于人的发展，唤醒对象持久的内在动力；辅导不仅需要施以管理，跟踪落实整个进程，还要指明愿景的方位，让被辅导者看到远方的“灯塔”。所以，辅导的角色是独特的、整合的，适用的场景也是多元的，作用是长期的。认识到这些，方能定好位，成为一名合格的辅导者！

二、信任与关系

信任是组织的润滑剂，有了它组织才不会生锈，才会运行高效顺畅。组织面临着日益复杂、模糊、不确定的外部环境，变革逐渐成为应对变化的主要方式，而内部的信任是冲破变革阻力的重要力量。信任可以让员工了解变革的目的，让大家支持变革、参与变革、躬身变革，化可能的阻力为现实的动力，形成凝聚力来推进变革。信任还表现在建设一个“利益一致、环境共享、互相信任”的团队，甚至可以邀请筛选好的客户和供应商来参与一些重要决策，形成信任关系的共同体，体察各方的需求，建立完整价值链的全面信任关系格局。当然，要想赢得信任就要遵守道德准则和规范，以身作则、诚实正直是最基本的。

同样，信任是辅导者与被辅导者凝结在一起的黏合剂。联系紧密的信任关系，是开展辅导的前提和基础，没有信任的辅导对话是无效的，此时被辅导者不可能全然打开心扉，投入辅导对话中。信任不等于关系和谐，要在一定的组织目标下，才会有真正的信任。辅导者需要表示出对公司价值观的认可，对组织变革的真心拥护，从而赢得被辅导者的真正信任。获得信任也是有技巧的，作为一个完整生命体，不同的被辅导者有不同的性格特质，辅导者需要认识站在自己面前的每个人的特征，使用与之匹配的沟通方式和语言技巧。

三、意义与沟通

每个人都是自己的建筑师，需要一砖一瓦来建设自己的人生。通过持续、经常性的有效沟通，员工能够认识到工作的意义和价值，分享对工作意义的理解，以及开展协调一致的行动。沟通不只是语言的表达，仅仅诠释和澄清意义还不够，还需要运用创造力，用图像来象征，用故事来隐喻，用模型来解读。沟通是呈现意义的主要方式，但并不等于意义。意义不只是工作方面的事实，也不只是其背后的道理，它更是一种方向，引领着员工聚焦思考并为之行动。所以，一位辅导者需要投入大量的精力和时间，在与员工深入沟通的基础上，做调查研究，摸清实情，做意义上的诠释、澄清和表达，以及通过创造的方式，形象地让员工明确意义、协同前行。

辅导者重在通过沟通用工作意义激励员工。有效的倾听是沟通的前提，精准“听”出被辅导者的情绪、价值观和思维模式，有助于理解他们内心真正想要的东西，并为此赋予一定的意义。有力发问可以帮助员工看到他看不到的地方，如同一面镜子可以照到背后的一面；有力发问可以帮助员工看到工作带给他的更高层面的意义。正向反馈和认同被辅导者取得的进步，巧妙让员工自己发现差距和不足，可以激励他们进一步投入和改进工作。隐喻故事能够让员工沉浸情节的同时，逐步有更多的感悟和发现，从而去自我发现、自我探寻和自我实现。

四、愿景与目标

任何一个组织，都是为某项事业而将人们凝聚在一起，为某种特有的使命而存在和运行的。员工投身其中，一方面是为了获得经济上的回报，另一方面是希望在组织中获得目标感、方向感和安全感。所以，愿景是一个具有召唤力的目标。本尼斯表示：通过愿景管理注意力就是创造专注。应通过强有力的愿景，把员工的注意力吸引过来，使之聚焦在想要创造的成果上，带领员工迈向未曾去过的地方。只有看到公司的产品和服务能够给客户和社会带来价值，员工才会自觉地投入和奋斗。只有对组织的目标有广泛的认同，员工才会认识到自己在组织中的定位和义务，才会明确自己在团队中的角色和分工，才会有主人翁精神，才会主动把公司当家园来建设。

辅导的最高形式，是唤醒他人对愿景的认识，对使命的崇尚，对目标的笃定。辅导者是唤醒者，通过对组织愿景的描绘，让被辅导者认识目标的轮廓，心中有方向，行动有动力，梦想有坚守，全心全意地融入组织，以奋斗为美，以拼搏为乐，以创造为荣，从而形成生生不息的内在动力。

周瑞

2021 年 7 月 1 日于北京

CONTENTS 目录

PART ONE 第一部分 角色与认知

PART TWO

第二部分 信任与关系

第一部分

角色与认知

己欲立而立人，己欲达而达人。

——孔子

第一章 辅导的本质

一、辅导的由来

辅导是个十分广泛的概念，小到指导孩子完成作业，大到辅佐帝王成就霸业。古文中，辅导用作动词时，意指辅佐引导、指导教育；用作名词时，指帮助他人做成某项事情，或代指辅导他人的人。《北史》:“且先帝属微臣辅陛下，今谏而不从，实负顾托。”意思是先帝临终前，让我“辅导”陛下，现在我的谏言您没有采纳，我辜负了先帝的嘱托。《陈书》:“如臣愚见，愿选敦重之才，以居辅导。”其意是，按照我的想法应该选择敦厚稳重的人才，担任“辅导”的职位。

其实，辅导活动一直伴随着人类文明的发展而发展，还没有文字的远古时期，人们主要通过口口相传的方式，传承经验和智慧。在东西方文化中，辅导活动都有着悠久的历史，也发展出不同的样式和形态。

古希腊长篇史诗《荷马史诗》叙述了特洛伊战争中阿喀琉斯与阿伽门农间的争端，以及特洛伊沦陷后，奥德修斯返回伊塔卡岛与妻子佩涅洛佩团聚的故事。其中一部《奥德赛》不仅叙述了特洛伊之战、英雄与美女、木马计等经典故事，还有奥德修斯的一位忠实朋友——门特（Mentor）辅导奥德修斯的儿子忒勒马科斯的故事。《荷马史诗》对西方文化产生深远影响，后人为了纪念成功辅导他人的人，就以门特的名字命名。英文中的mentor，用作名词时，指的是辅导他人的人；也可以用作动词，意指辅导的动作和过程。这和我国古代辅导的用法极为相似。

西方还有一种十分重要的辅导形式——教练。古希腊时期，教练通常出身于运动员，其职责是帮助当时的体育竞技者达到个人的最佳状态。后来西方世界出现了最早的“私人”教练，包括著名的哲学家苏格拉底，他曾表示:

自己是个精神上的助产士，帮助别人明确他们的思想。他的学生柏拉图记录的苏格拉底的语录也表明，苏格拉底并不想传授知识，而是一直鼓励自我醒悟。20世纪70年代，在添·高威的著作《网球的内在诀窍》中，讨论的重点不再拘泥于体育领域，而是到了办公室内，添·高威认为“内心的对手比外在对手更强大”。很多人认为，简单全面的教练方法几乎适用于所有情形。当今，教练学的发展和教练实践的推动，得到世界大多数国家的关注，教练技术正在得到快速传播和普及。

其实，早在几千年前，辅导就在中华大地上结出了硕果。相传孔子收弟子三千余人，教出不少有知识、有才能的学生，其中有七十二贤人。他不仅重学，更强调时习、勤思、下问、温故，“学而时习之，不亦说乎”“学而不思则罔，思而不学则殆”；强调通过各种途径广泛学习，“多闻，择其善者而从之，多见而识之”；讲求学以致用，做到学有成效，“诵《诗》三百，授之以政，不达；使于四方，不能专对；虽多，亦奚以为”；注重进德，倡导自觉进行德行修炼，“色思温，貌思恭，言思忠，事思敬……见得思义”“见贤思齐焉，见不贤而内自省也”。孔子在教学中主张多启发，做到举一反三，“不愤不启，不悱不发；举一隅而不以三隅反，则不复也”。孔子践行因材施教，认为颜回能闻一知十，子贡闻一知二。“由也，千乘之国，可使治其赋也”“求也，千室之邑，百乘之家，可使为之宰也”“赤也，束带立于朝，可使与宾客言也”。这些思想和主张在当今的教学和辅导实践中仍有重要的指导价值和现实意义。

道家思想广博深邃，蕴含着丰富的智慧，对于如何更好地辅导他人也有很多思想宝藏可供采撷。道家主张做真我，人性完整，诸如君子、小人的标准都是外在的，性至真的标准是“任其性命之情而已矣”，自闻、自见、自得、自适。道家主张万事万物并无贵贱，众生平等，“以道观之，物无贵贱；以物观之，自贵而相贱；以俗观之，贵贱不在己”；主张致虚守静，自我觉察，“知人者智，自知者明，胜人者有力，自胜者强”，重视静观、内观；主张“道法自然”“任自然”，等待事物自身的发展转变，以静制动、以柔克刚。道家的主张给予辅导者深刻的思想启迪：只有内在的真实和稳定才能有效地辅导和影响他人。

释家学说认为宇宙中存在一种内在的平衡与正义，通过坚守仁慈、怜悯和镇静的信条，发现生命和宇宙的真相，最终超越生死和苦，断尽一切烦恼，得到解脱，获得开悟。与中国哲学相结合的禅宗，主张修习禅定，强调活在当下、放下过去，注重过程而非结果。禅宗力图揭示客观世界，认清事物本质，主张冥想是获取开悟的关键。这些思想主张帮助辅导者摒除烦恼，清净心性，通过对话启迪他人智慧，开启“顿悟”之门。

可以看出，辅导有着深厚的实践基础和理论依据，人们可以从前人智慧中汲取力量，无论是帮助他人获取知识、改善行为，还是帮助自己启迪思想、唤醒觉悟；无论称他们为老师、导师，还是教练、长者，他们都在从事着一件神圣的工作——辅导。

二、什么是辅导

辅导是指拥有知识、技能、经验、专业、地位、人际关系、价值观等方面的优势和资源的辅导者，围绕某一特定目标，出于某种动机和需要，通过一定的技巧将相应的内容传递给被辅导者或启迪被辅导者，使之发生行为和意识上的变化的过程。因此，辅导包括辅导者的动机和资源，被辅导者的动机和资源，以及辅导者、被辅导者、动机、资源等相互之间的联系。其具体特征表现为以下几点。

第一，辅导的前提是辅导者要有一定的资源，或者是地位上的，“我说的你要听”；或者是专业上的，“掌握后被辅导者会提高”；或者是价值观上的，能被认同；或者是辅导技巧上的，善于提问启发，发挥语言的魔力。

第二，辅导是要有动机和需要的，没有动机的辅导只是形式，不是真正的辅导。动机越强烈，内容的传递就越直接、越有效。

第三，辅导是有目标的，目标会激活辅导者的动机，以调取相应的资源，目标也会牵引被辅导者参与，满足他们潜在的需要。

第四，辅导是一种关系，并不是可传递的实物。辅导涉及辅导双方的意图或目的。辅导双方的关系可能是平等的、伙伴式的，也可能是不平等的、上下级式的，需要根据辅导的目标和双方的连接程度来确定和重构。

第五，辅导是集体的行为，需要有主体和客体，一个人不可能完成辅导。辅导可能是一对一的，也可能是一对多的、多对一的、多对多的，但至少都是两人及以上的集体行为。

综上，从系统论的角度讲，辅导完全是一种典型的动态的对话沟通系统，其要素不仅包括主体、客体，还包括承载内容的目标以及他们之间的关系。因此，构成一个典型的辅导的要素应该包括：辅导者、被辅导者、辅导目标、辅导关系（见图1-1）。

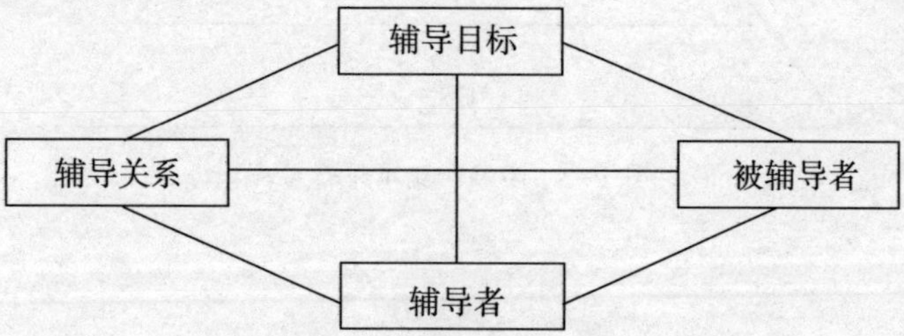

图 1-1　辅导的四个要素

四个要素是统一的整体，它们互相连接、互相影响、互相作用。对辅导者来说，主要需要处理好自己与被辅导者以及目标的关系，从而形成相应的辅导场域，以支持更大的管理系统。

三、认识辅导者

辅导他人是项技术工作，也具有艺术性。无论是帮助被辅导者学习某类知识、某项技能，还是使其收获深层次的觉察，激发内在的潜能和动机，成功辅导他人绝非易事。即便你是某一领域的专家，有着丰富的人生阅历和实践经验，但未必会是一位成功的辅导者，因为辅导者需要表现出不同的层次性。

罗伯特·迪尔茨在《从教练到唤醒者》一书中，结合人的学习和变革逻

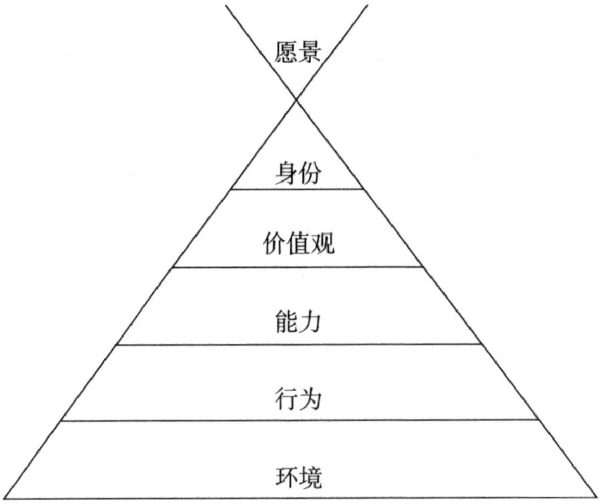

图 1-2　学习和变革逻辑层次

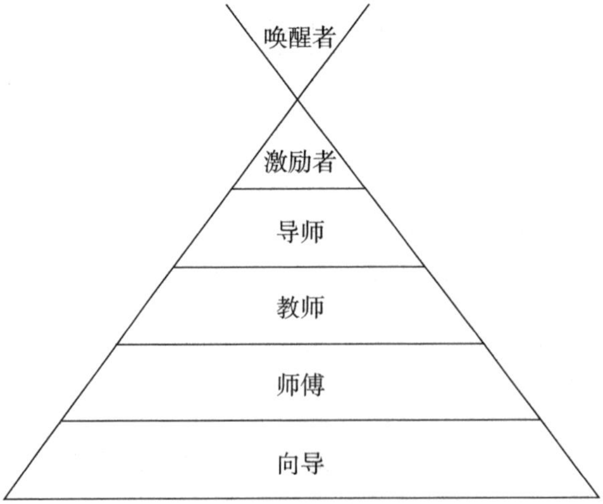

图 1-3　辅导者的六层角色

辑层次，让大“C”教练在不同阶段扮演不同的角色（见图1-2、图1-3）。辅导是帮助他人获得学习，支持组织产生变革的行为，所以，辅导同样具有典型的层次性。据此，我们可以更加精准地认知辅导者的角色和定位，从而更加全面地认知辅导的意义和价值。

1.环境层：辅导者是向导

辅导是信息传递和交互的过程，由辅导者、被辅导者、关系、信息等要素构成，具有目标性、动态性、系统性等特征。环境因素决定了辅导行为和过程在何时、何地发生，比如辅导的场所选择在正式的办公室，还是相对轻松的咖啡厅；辅导安排在工作期间，还是八小时之外的业余时间；辅导对话是相对严肃的结构化绩效反馈，还是午餐过程中的有目的的轻松对话等。

这个时候，辅导者更像是向导或关怀者，选择合适的环境为被辅导者提供支持。辅导者如同丛林探秘的向导，带着人们一步步从一个地方走到另一个地方。向导知道要去哪里，知道目的地在何方，也知道如何更好地去那里，还知道前往目的地过程中可能遇到的挑战，需要做什么样的准备，以及如何保证过程中的安全。这个角色的辅导者，需要特别关注外部环境，为被辅导者提供必要的支持，帮助其排除外在干扰，比如，处于幼儿时期的孩子的父母，刚刚入校的学生的高校辅导员，入职不久的新员工的伙伴，以指挥和控制为主要领导风格的管理者，等等。

2.行为层：辅导者是师傅

迪尔茨将这一层称为小“C”教练，其实他更像是中国文化中的师傅。师傅角色的辅导者关注的是行为层面，帮助被辅导者完成和改善某种特殊行为，主要通过示范、观察和反馈，帮助其尝试新的动作和行为，甚至提供一些秘诀来提升被辅导者的行为或习惯。比如，健身私教在授课过程中，会根据测量的数据、观察到的行为，提供针对性的训练建议。而后学员重复相应的训练动作，教练根据学员的动作进行及时性的反馈，以求得新行为的强化。

这个时候的辅导，聚焦于提升人的水平，能够有效提高员工的绩效。绩效体现了员工行为及相应的结果，考虑的是为了实现某个目标需要做什么、完成什么以及所采取的具体步骤。工厂里的老员工担任师傅的角色，会手把手地给徒弟演示如何操作某款设备，观察徒弟操作中的不当之处，给予反馈和纠正。电影《夺冠》中，一位教练讲过：下意识怎么来？训练来的，不是一般的训练，而是千百万次、上亿次不断重复的训练。国庆阅兵中，三军仪仗队惊艳世界的背后是“两年流汗近1吨、一年军靴坏7双”，是摆臂、踢腿、行进等每一个动作精益求精、追求极致的行为结果。

3.能力层：辅导者是教师

不同于师傅关注行为，教师关注的是学生的能力培养。学习新知识、获得新技巧、发展新思维是提高能力的主要途径。正式的结构化的教育培训可以帮助学生弥补知识、技能、态度上的不足，但这还远远不够。按照艾宾浩斯遗忘曲线理论，短时记忆转变为长时记忆，需要不断复述和练习，需要教师作为辅导者持续地跟进和支持。

这个时候的教师角色，重点在于学习新的思想和理论，发展出新的能力，提高胜任力，需要为学生描绘出清晰的学习成长地图和能力发展路径。公司内部的讲师，不仅要把自己的经验梳理成课程讲给公司员工听，还要将学习内容的消化吸收、转化应用纳入整体的培训项目，扮演好辅导者的角色。对公司来说，发展出辅导身份的培训师，看似只是简单的一小步，却是一次辅导领域的巨大跨越。

4.价值观层：辅导者是导师

导师是榜样，人都需要榜样。能被称为导师，重要的不只是技能的高超、专业的精湛，还有在价值观和信念上对学员产生的影响。人生的每个阶段都需要有导师来辅导自己，这样可以汲取导师的智慧，帮助自己树立和塑造正确的信念和价值观。知识管理大师野中郁次郎认为，导师与学员之间可以实现从隐性经验直接到隐性经验的传递，从而实现组织知识的共同化。

公司对导师制项目的关注，正是因为导师带给员工的不只是专业上的传授，还有公司价值观、信念和文化的传承。当今，越来越多的中高层管理者、技术大咖、业务专家愿意参到导师制项目，正是因为他们体验到，辅导他人也可以带给自己更多的成就感，发展出更多管理和领导技能，收获更多更快的进步和发展。

5.身份层：辅导者是激励者

迪尔茨认为，激励者主要负责帮助被辅导者识别和发现其另一个身份，从而激发和保护其与生俱来的潜能。这个时候的辅导者，关注的焦点是被辅导者的身份和核心价值的发展，鼓励其发挥更大的价值，表现出以往未曾表现出来的东西。所以，此时的辅导者更像一面镜子，可以照出被辅导者自己看不到的身后的东西，可以照出被辅导者自己未曾觉察和发现的内在潜能，可以照出被辅导者自己未曾思考和涉足的未知领域。

扮演激励者角色的辅导者，与被辅导者之间是伙伴关系，而非“真实”的上下级、师生、师徒或父子关系。这样的对话是建立在信任与亲和、平等与安全的基础上的，双方是完全开放的、具有探索性的，有成果导向的。企业中一些成功的领导者，也是卓越的辅导者，他们善于发掘员工的潜能，发现员工的闪光点，激励员工朝向目标前行，并提供源源不断的鼓励和支持。

6.愿景层：辅导者是唤醒者

唤醒者指辅导者帮助被辅导者在愿景、意义和精神层面成长和进化，超越了向导、师傅、教师、导师和激励者，指向的是人类学家格雷戈里·贝特森学习与变革层次模型的最高层次。唤醒过程中，辅导者会帮助被辅导者打开一扇通往以前并不知道的世界的大门，产生全新的、独一无二的，甚至是革命性的改变。这个时候的辅导者是正直的、身心合一的，其内在具有高度的稳定性，只有如此才可以最大化引发被辅导者对爱、自我、意义和精神的理解，拥有生生不息的动力去追求和探索。

处于唤醒者层次的辅导者，需要具有保持“不知道”状态的能力，对话时放下任何预设的假设，保持中正的位置，从而获得新鲜的、没有偏见的观点。“活在当下”的正念修炼，是抵达唤醒者的一扇大门，被辅导者把注意力安放在现在，对周围的世界保持开放和好奇，绕过意识层次，唤醒无意识，使得自身的内在资源不断浮现和涌出。

四、辅导的价值层次

如前所述，按照学习和变革的逻辑层次，辅导者依次扮演着向导、师傅、教师、导师、激励者和唤醒者的角色。这些角色，一方面是由辅导者的风格和特征决定的，另一方面也是由被辅导者的需要匹配形成的。一名辅导者可以是多种角色的结合体，动态变化、灵活切换，但总体的规律性表现在：越往上，带给被辅导者的影响越大，学习变革的价值也就越大。

那么，为什么处于不同角色的辅导者，会给被辅导者带来不一样的体验和感受呢？他们在传递价值过程中到底有什么不同呢？领导力大师诺埃尔·蒂奇在《领导力引擎》中提出，创建生生不息的领导者组织，要求领导者有能量、有魄力，有自己的思想和价值观。相应地，我们也不难发现，不同层次的辅导者扮演不同的角色身份，向被辅导者传递的能量和价值也有着相应的不同。

1.向导：知识与信息

向导是指路或带路的人。人们面对陌生的环境，需要有熟悉环境的人来指点，以便少走弯路、直达目的地。如登山探险可能需要一位猎人帮助，既可以带领队员前行，又可以保护队员的人身安全；旅游需要一位了解线路的人，少走些冤枉路，多了解些背景知识，尽可能不要错过有价值的景点。杨朔在《香山红叶》中写“我去的那日，天也作美，明净高爽……人也凑巧，居然找到一位刘四大爷做向导”，就是这个意思。

由此可见，向导提供的是信息，如哪里有危险不能去，哪里有美景值得去；哪条路最近，哪个方向会舍近求远；这座山有哪些野兽出没，哪个景何时看最美；等等。向导提供的是知识，如出发前应做哪些准备，带什么工具、设备、食品、资料，行程中各处的背景知识、历史沿革、风土人情如何，可能遇到什么样的突发情况，有效处置的流程步骤是什么，等等。

这个层级的辅导者，依托组织环境和资源支持，提供给被辅导者相应的知识和信息，比如组织的架构设置、管理的主要流程、岗位的职责要求，以及何时、何地、和谁一起实施某项活动，需要什么工具和物质资源，从哪里可以获取什么样的支持等。辅导者还需要提供安全的环境，关注组织外部环境和内部变革带来的变化，迭代更新专业知识，拓展知识边界，使被辅导者有足够的知识储备和安全感受。

2. 师傅：技能与技术

技能技术提供的是行为层次的支持。人们具备了某种技能，掌握了某项技术，就可以更好地完成任务、改善行为、提升绩效。教育心理学家罗伯特·加涅把学习者的技能分为动作技能和智慧技能，动作技能反映的是身体的运动速度、精确度、力量和连续性，如游泳包括划臂、蹬脚、抬头、呼吸换气等一连串身体动作；智慧技能指的是应用符号和按概念做事，按照复杂程度，又可以分为辨别，了解概念、规则和原理以及问题解决等，如一名程序员开发某款软件，在系统分析基础上，进行模块设计、编码调试、联调测试以及编写、提交等一系列操作。

技能技术的先进性和有效性，直接对员工的绩效产生影响。会计使用计算机软件统计，肯定比手工计算要省时省力，且准确率更高。新人进入新岗位，通过刻意练习和带教辅导，便可熟练掌握具体的流程和方法，胜任效率就会极大提升。技能技术的革新和应用，必然对使用者的行为提出新的要求，而行为产生的结果又决定着工作的成果，工作成果表现在业务上是绩效目标的达成。

企业中的辅导者，多数是拥有和掌握某种技能技术的专家，有着相对丰富的经验，需要通过某种形式传递给员工。员工的行为表现最易直接观察和发现，辅导者可以通过观察、访谈、沟通等方式快速有效地捕捉到相关信息，确认员工的现实行为表现与组织的期望、绩效的标准之间的差距，由此辅导者便可对这一差距进行梳理分析，发现具体行为动作和方法流程中的不足，从而有针对性地加以辅导，提升被辅导者的技能技术水平。

3.教师：思想与理论

辅导他人仅仅有经验是不够的，辅导者还要善于梳理和总结，形成自己说得明白、别人听得懂的可传授的观点。教师出身的俞敏洪躬身实践、亲手创造了自己的商业帝国，他一直坚持教师的思维习惯，经常总结梳理自己的思想、经历和体验，将其分享传递给更多的创业者。在这个梳理、总结、提炼、传授的过程中，辅导者会日臻完善自己的思想和理论，对辅导者来说这也是一种有效的学习方式。

辅导绝不是简单的单向信息传输，不是告诉对方应该做什么样的行动，也不是命令被辅导者必须服从自己，按照自己的标准做，而是要使其明白事情背后的来龙去脉与道理，引导他们看到真实的情况、应该采取的措施，从而做出最有利于组织利益的选择。所以，辅导者需要跳出原有的框架，站在更高的位置看这个岗位、这个工种、这个项目、这个行为，梳理带来最佳实践的思想、方法和工具，便于更多人学习、复制和传承。

有可传授的观点只是一个起点，辅导者还需要具备传递这些观点的能力，需要研究学习对象的特点模式，使用恰当的教学方式使其最大化地吸收和掌握这些内容；需要对可传授的观点进行分类和解构，形成可传递的模型化的知识，从而把这些内容转化成被辅导者的内在力量。

4.导师：价值观与信念

价值观是组织文化的核心。如果说行为和能力解决的是企业“怎么做”的问题，那么价值观探讨的就是“为什么”的问题，也就是做这些事情的意义和价值。领导力大师蒂奇认为，一名成功的领导者需要有意识地践行价值观。

作为组织文化的承载者，辅导者在和员工的对话中，需要清晰而准确地表达组织和团队的价值观倾向——宣扬什么、倡导什么、认可什么，以身作则地践行组织的价值主张，肯定和表彰与价值观相一致的行为，制止和摒弃那些言行不一的行为。

对一个组织来说如此，对一个人而言也是一样。价值观是基于人的一定的思维的基础上而做出的认知、理解、判断或抉择，受家庭、教育、职场、人际关系以及基因等方面因素的综合影响，具有个人化、稳定性和持久性的特点。一个人生活在自己认可的价值观体系里，就会感到美好和满足，否则就会表现出极度不适应。辅导者要善于澄清被辅导者的价值观，发现他们看重什么、坚持什么、喜欢什么以及为什么看重、坚持和喜欢，背后带给他们的核心价值到底是什么。辅导者还要善于将被辅导者的价值取向和组织的价值主张进行整合，让个人想要的、看重的，成为组织中的一部分，将组织宣扬的价值观内化为个人的行为习惯。

5.激励者：使命与志向

罗伯特·迪尔茨在《卓越元素解码》中对逻辑层次的小我和灵魂的两条主线加以整合，形成了卓越圈模型。志向是小我的一部分，使命是灵魂的一部分；志向与个人想要为自己创造什么样的生活有关，使命是为更大系统和愿景提供服务的；志向是关于自己想达成什么样的状态和表现，使命是关于实现愿景的独特贡献；志向是想要别人认可或记住什么，使命是带给这个更大的系统并有助于愿景达成的自己的天赋、资源、能力和行动是什么。当小我和灵魂高度协调一致的时候，使命和志向就可以整合，就会形成卓越辅导者的基础。

辅导者不仅可以做好自我使命和志向的协调和整合，还可以激励被辅导者发现个人的志向、探寻自我的使命，并有效地实现统一。这样的整合和统一会使得被辅导者在组织中更加融入，体验到履行使命带来的充实感和价值感，同时实现自我的个人志向。辅导者需要激发员工自我学习成长的渴望，利用他们谋求发展和成功的内在需要，共同营造相对紧张和迫切的辅导氛围。结合组织和团队目标，设定一个有吸引力的个人目标，让被辅导者看到希望，激活内在动力，增强实现目标的信心和决心。

6.唤醒者：愿景与方向

阿尔伯特·爱因斯坦表示：想象力比知识更重要，知识是有限的，而想象力概括着世界的一切。埃隆·马斯克将愿景聚焦在他相信能影响人类的事业上：互联网、清洁能源和太空探索。愿景超越了任何一个特定的目的，愿景天生具有生生不息的特征，它提供的是一个方向。所以，生生不息的愿景是清晰的方向，而不是任何一个特定的目的地。实际上，愿景常常始于梦想，梦想产生于创造性的潜意识，并不是人们头脑层面的理性思维。

辅导者肩负着唤醒的神圣使命，带领被辅导者探索梦想，走入潜意识的无人区，创造只有在梦中才会闪现的意境，如临眼前，甚至伸手就可以触碰到，画面还可以任由自己想象和创造。那是取之不尽的资源宝藏，当被辅导者有了自己想要的愿景方向，他就会拥有生生不息，无限的动力去探索、去坚持、去追梦。荣格说过：只有当你看向你的内心时，你的愿景才会变得清晰。那些向外看的人，做着梦。向内看的人，觉醒着。辅导者不仅帮助被辅导者造梦、筑梦，还要醒着，从远方看向内，把远的“梦”变成近的“行”，知行合一，身心一致，充盈地、自在地、从容地从当前出发，去往自己的梦想之地。六个层次的辅导价值如图1–4所示。

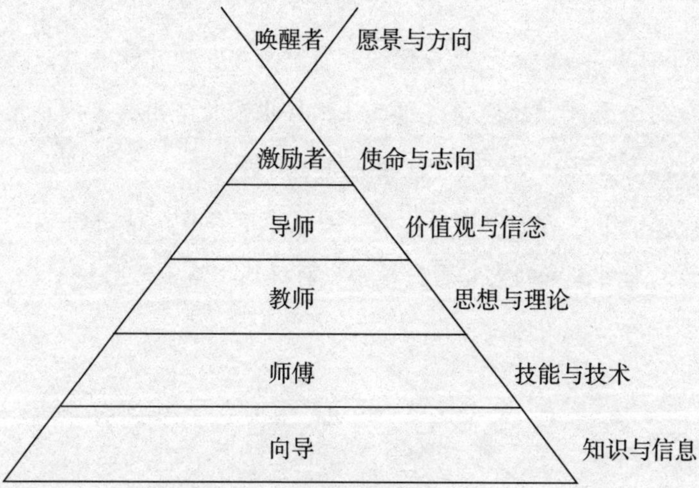

图 1–4　六个层次的辅导价值

根据逻辑层次原理，辅导者的角色层次是可以变化跃升的，同一名辅导者可以在不同层次的角色上相互切换，根据被辅导者的问题需要，调整相应的辅导角色，从而传递新的不同层次的辅导内容。

这一模型也告诉我们，逻辑层次越往上，能量层级越高，对被辅导者的影响也越大；在更高层次上有效辅导他人，被辅导者便会有更大的动力去实现和掌握下一层次的内容。所以，一名卓越的辅导者，要力求成为更高层次的辅导角色，以便更好地驾驭和传递辅导内容，有力地支持被辅导者的成长与发展。

ORIID[①]五大计划性问题复盘

ORIID是人的大脑思考问题的自然框架，应用十分广泛。基于此原理的五大计划性问题，组成了辅导中较为常用的发问框架，也可以作为本书每一章回顾复盘和提炼总结的方法。

回顾一下，从这一章中你的主要收获有哪些？请用ORIID五大计划性问题对本章的内容进行结构化的提炼总结（见图1-5）。

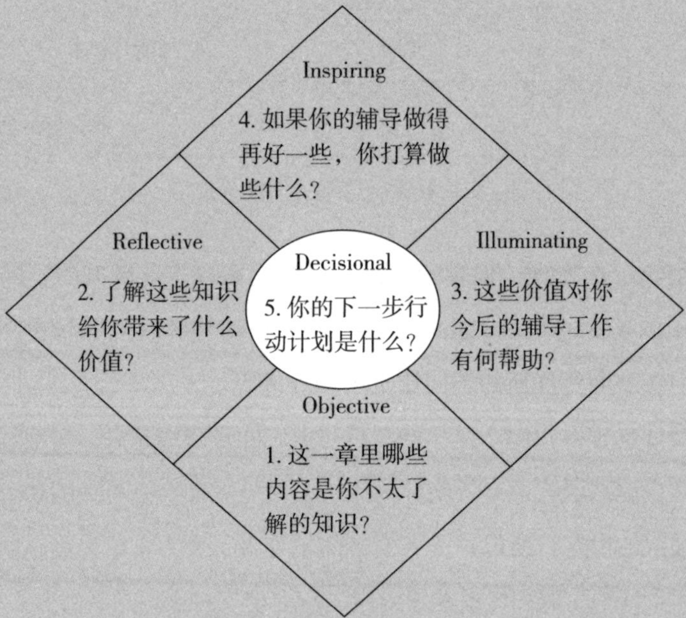

图1-5　ORIID五大计划性问题

① 即Objective（事实性的）、Reflective（反思性的）、Illuminating（启发性的）、Inspiring（激励性的）、Decisional（确认性的）的首字母缩写。

本章小结

本质上，辅导是一种关系。从辅导者的视角，其角色有向导、师傅、教师、导师、激励者和唤醒者六个层级，且不同层级的辅导者传递的内容也各不相同：知识与信息、技能与技术、思想与理论、价值观与信念、使命与志向以及愿景与方向等。由辅导者、被辅导者、辅导关系以及相应的目标内容构成的对话系统，是辅导的本质所在。

第二章　辅导的特征

一、辅导与教育、培训、教练的区别与联系

一些概念和名词与辅导很相似，让我们先澄清下几个相关概念，这会帮助我们更加深刻地理解辅导的内涵。

1.教育与培训

教育一般是由教育机构提供的有组织、有目的、有计划的素质培养，以影响人的身心发展为直接目标的社会活动，是培养人的一种社会现象。一个人从幼儿园到大学，接受的是学校的科学教育。

培训是指在组织内部，通过正式的、有组织的方式获得工作要求相关的知识和技能的过程。新员工入职培训，是让社招或校招员工快速了解企业制度，融入企业文化，获得基本技能；业务专业培训，旨在提升员工某一专业技能，帮其胜任本职岗位，提升工作效率。

因此，可以看出，教育是长期的行为，而培训为短期行为，是在一定时间内达到某种目的；教育一般偏理论性或教化性的，培训更注重实践和现实问题；教育关注综合素质提升，培训则关注绩效改进与行为变化。

2.培训与辅导

培训是为了实现认知改变，主要发生在课堂上，是由讲师向学员传递知识的教学过程。辅导是为了学以致用、解决问题和应对变化，主要发生在工作岗位中，是由辅导者结合被辅导者的需求和个人的经验进行职业指导、心理支持和提供角色榜样。

培训一般会因为企业业务和员工能力需求，自上而下地组织安排，要求

员工参与和投入；辅导更注重意愿，要求辅导双方尤其是辅导者有一定意愿，愿意分享和付出。

培训一般是需要学员离岗，脱产进行集体学习；辅导通常是在岗的、个性化的、非正式的指导与训练。

培训的着眼点在员工的行为和绩效改善，以及思维的提升；辅导指向的是被辅导者的职业发展，不仅注重绩效提升等硬任务，还要从培养人、发展人的角度，提升被辅导者的软性技能。

培训是相对正式的，有组织、有计划，在特定场所组织开展；辅导相对灵活，有什么问题辅导什么内容，时间根据需要随时安排，通常在非正式的场所展开。

3.辅导与教练

辅导发生的情景往往是基于真实业务的，在工作场景中遇到什么问题就辅导什么内容；而教练是相对正式的，需要创设安静、安全的周边环境，通过结构化的对话，引发深度思考和觉察。

辅导的方式是多样的，可以有提问，可以有反馈，也有可能直接告知，还可能是和教学、培训、行动学习组合起来使用，而教练需要坚守中正位置，主要通过发问的方式，让学习者自己找到解决问题的答案。

辅导的角色是多元的，可以有教师式的，也可以有导师般的，还有可能是教练式的，需要根据被辅导者的问题的性质而作相应的调整，以最大限度地支持被辅导者。而教练的角色是纯正的，不偏不倚，提出有力的问题。

总体上讲，教育、培训、教练是企业比较常用的学习方式，它们之间有共通的地方，但各自也有不同的着力点。教育带给学习者的是理念的传授、思想的启迪、信息的传递；培训重在知识的传播、技能的练习、经验的汲取；教练一般在一定的时空里，通过有效对话，发现学习者的新发现，感知学习者的新感知，觉察学习者的新觉察。

相对辅导而言，上述的三种学习形式，比较正式和结构化，需要在一定的场所和氛围下实施，比如教育需要在教室里开展，培训需要由专业的老师组织，教练需要安全、安静和私密的空间。而辅导相对比较随意，对环境和条件要求不那么高，可以随时随地开展。

从学习项目运营的角度，教育、培训、教练和辅导，都需要进行教学分析、设计、开发、实施和评估，但因其目的、内容、形式不同，达到的结果也不同。其中，教育对于观念改变的影响最大，培训擅长程序性知识的内化，教练可以带来深层次的内在觉察，而辅导将行为改变视为过程，指向员工的长远发展和内在成长。辅导与相邻概念的区别与联系如图2-1所示。

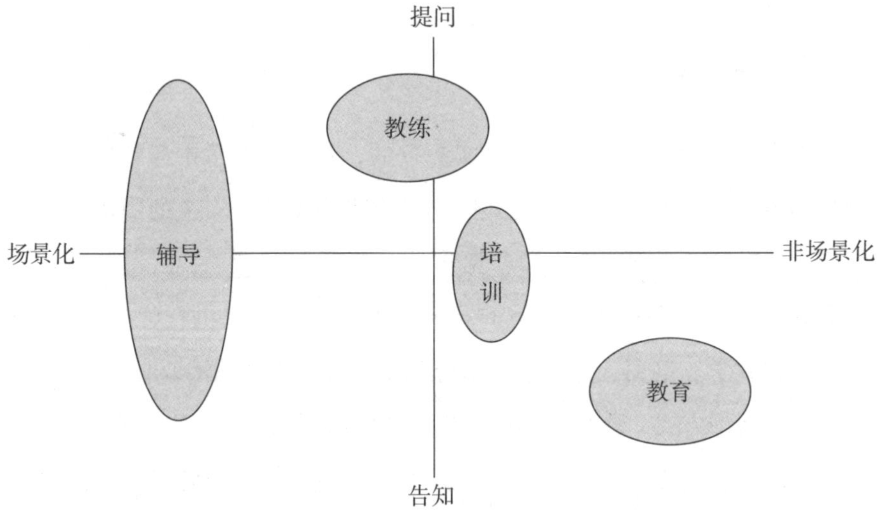

图 2-1　辅导与相邻概念的区别与联系

二、辅导既是管理也是领导

想必大家对“管理”这个词再熟悉不过了，我们身处职场，被上司管着，又管着自己的下属；也许还会管着钱和物，甚至管着代码和数据、厂房和仓库，林林总总，这些都是管理。

而“领导”这个词，大家可能更为喜欢，很多人都想从事领导工作。许多人可能不知道的是，其实它比管理久远得多。管理是近一个世纪的产物，伴随着复杂组织机构的出现而出现，因为没有管理的现代工厂经常会陷入一片混乱，威胁到复杂机构的生存，需要管理来恢复秩序。而领导，经常与变革相伴，古今中外的一场场农民起义、一次次技术革新、一种种发明创造，无不推动着社会系统从一个稳定态跃升到另一个稳定态。在这个过程中，领导团结着一群人，带领大家勠力同心、协作互助，共同迈向一个方向，即便遇到困难、挑战、病痛和死亡，都可以激励人们勇敢地跨越障碍和险阻。

约翰·伦勒希在《变革的力量》一书中清晰地界定了管理和领导的不同，认为管理的过程包括计划和预算、组织和人事、掌握和解决问题，带给企业的是一定程度的连贯性和秩序；领导是定向、联盟和激励，创造的是建设性或适应性的变革。可以看出，管理求稳，领导求变；管理旨在创造秩序，领导重在创造变化；强管理会规避风险、按部就班，强领导会打破秩序、削弱层级。

1. 既要管理，又要领导

彼得·德鲁克在《卓有成效的管理者》中提出，管理者泛指的是知识工作者、经理人员和专业人员，其职位和知识决定了，他们必须在工作中做出影响整体绩效和成果的决策。企业中的辅导者往往在知识、技能、业务、经验等方面比被辅导者有着更多更好的积累，从这个意义上讲，辅导者就是管理者，能通过辅导的形式提升被辅导者的绩效水平和思维认知。

蒂奇认为，一个比较成功的领导者总是把培养其他领导者的工作看作自己的直接责任，培养其他领导者的领导者在思想、价值观以及情感能量和魄力等方面都有自己的可传授观点。可以看出，成功的领导者重在激励激发，运用思想的力量，激发情感和价值观认同，用清晰的愿景方向激励员工朝着既定目标前行。辅导者具有教师、导师、激励者和唤醒者等多重角色，从这个意义上说，辅导者也是领导者。

对一个企业而言，要想长盛不衰，谋得长远发展，管理和领导缺一不可。企业为履行自己的使命，满足供应商、顾客、股东、员工以及其他相关人的利益，需要不断提供有竞争力的产品和服务。企业不仅需要一套严谨、有效的制度、机制、系统来推动计划、预算、组织、人事，知道和解决具体的问题，还要为适应不断变化的外部竞争环境，调整和修正航向，激励所有人员乘风破浪、砥砺前行。

科特做过类似的研究，他把管理和领导按照强和弱进行了区分，形成了“弱管理+弱领导”“强管理+弱领导”“弱管理+强领导”以及“强管理+强领导”四种类型（见图2–2）。

图 2–2　“管理 + 领导”四种类型

“弱管理+弱领导”的企业组织，在现实中会存在一段时间，但很快就会消失不见，比如，有数据显示，中国中小企业的平均寿命只有2.5年，中国集团企业的平均寿命仅7~8年，这其中就有很多是管理和领导跟不上导致消失。

“强管理+弱领导”的组织，非常重视秩序，为有序而不断增设机构，官僚主义横行，汇报链条较长，反应速度较慢，缺乏应有的组织活力。

“弱管理+强领导”的企业，崇尚英雄主义，为了求新而变革，以彰显领导者与众不同和个性，喜欢搞运动式的变革，如同脱缰的野马，一味地往前奔跑，组织一片混乱狼藉。

“强管理+强领导”才是企业追求的状态，但可惜的是这样的组织少之又少。这要求企业各个层级的经理人既能仰望星空，看到变化的趋势和愿景，带领员工朝新的方向前行；又要脚踏实地，规范现有的流程，扫清组织的障碍，解决存在的问题，使之更有秩序和连贯性。

企业中的经理人，既应是一名管理者，也应是一名领导者。管理者的角色会让其更有计划性和组织性，更好地解决当下的问题，使整个团队有条不紊地运行。领导者的角色会使其更有创造性和开拓性，探寻更好的方向，激励团队勇往直前。有力的管理和坚定的领导，是卓越辅导的必备素质和必备能力，卓越辅导是管理与领导的完美结合。

2. 辅导是管理和领导的结合体（见图2-3）

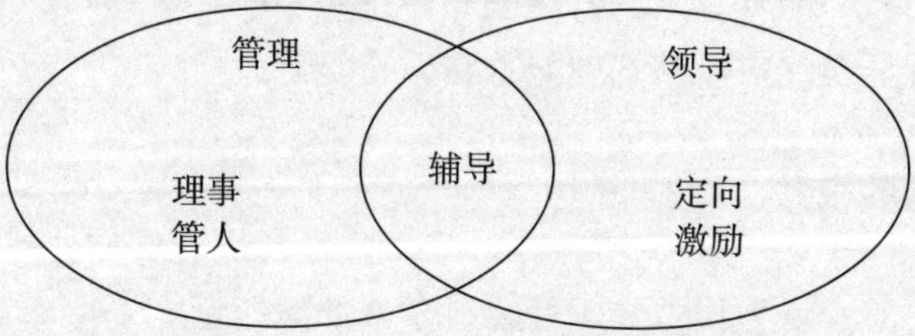

图 2-3　辅导是管理和领导的结合体

在深入思考研究管理和领导本质区别的基础上，结合关注事和关注人两个不同维度，管理可以粗略地分为理事和管人，领导可以分为定向和激励，但汇集到一点就是要求辅导者能够综合驾驭理事、管人与定向、激励。再深入聚焦一些，还原到真实的工作场景中，会发现辅导是实施管理和领导的经常性的工作方式。所以，管理和领导虽有不同，在真实的工作情景中，大都是通过辅导这一方式来加以整合、推进和实现的。

我们认为，辅导可以是一对一的，可以是绩效业务的梳理和指导，可以是对下属沟通和协调能力的帮带，可以是领导力的发展和培养，也可以是价值观和身份的觉察与发现，还可以是愿景和人生意义的发现和锚定等。

辅导可以是团队式、一对多的，如可以利用业务会议、项目会议、行政会议，在会议中辅导，在辅导中整合，在整合中推进，在推进中促进项目和业务的完成；也可以是在专门的培训赋能后进行，让培训的内容能够学以致用，能够解决问题和应对变革，促进学习的转化、应用和落地。

辅导既应该关注事，也应该关注人，辅导可以实现人与事的统一。如果辅导的是计划和预算，谈论的是组织和人事，掌控和解决的是具体的人和事，就是在实施管理，做的是管理工作；如果辅导的是团队的未来、组织的愿景，谈论的是利益者的联盟、生生不息的合作，关心的是员工的需求、个人的价值、背后的情感，激励他人协作前行，那就是在实施领导，做的是领导工作。

所以，如果既要提升管理能力，又想修炼领导本领，那就从辅导开始。对象可以是下属、同事、客户、徒弟，也可以是孩子和朋友，借事修人，借人完事，用辅导实践来提升管理能力和领导能力。

3.辅导者的权力

伯特兰・罗素认为权力之于社会科学就如同能量之于物理学一样。权力由动机和资源两个要素构成，且两者必不可少，互相联系，你中有我，我中有你。动机是内在的激发和驱动，是动力的根本源泉，如果缺少动机，资源的力量便会相应减弱或消失。资源是外在的物质和精神的要素集合，缺少资源，动机便会毫无依托和价值。所以，如果把权力比作大厦的话，动机如同地基，资源就像人们看到的大楼，两者缺一不可，否则权力的大厦便会崩塌或荡然无存。

领导力大师詹姆斯・麦格雷戈・伯恩斯认为，权力是这样的一个过程：

具有某种动机和目标的权力持有者，通过利用他们权力基础上包括技巧因素在内的各种资源，有能力确保改变一个对应者——人和动物的行为及其环境。

所以，权力的本质是一种关系，在行使者和承受者之间实现动机和资源的互动。

4.辅导者权力模型

20世纪中叶，社会心理学家约翰·弗伦奇和伯特伦·雷文提出五种权力模型，至今一直被管理学界奉为经典。

奖赏权力。奖赏权力就是奖励，如奖金奖励、股权奖励、工作表现评级、晋升表扬等。辅导中主要指对被辅导者的进步和提升予以表扬，对绩效表现给予高的评价，对业绩的提升给予奖金、荣誉方面的奖励等。

强制权力。强制权力就是处罚，比如指责、降级、调往他处等，在此过程中，下属工作的推动力不是个人抱负或者对工作的热爱，而是惧怕和担心。辅导中的语言呵斥、行为控制甚至批评、谩骂等都属于这一权力。

法定权力。它是社会或组织赋予的权力，比如职位就是常见的法定权力来源。上级要求下级加班，也是因为组织赋予的法定权力。企业中的辅导也是组织赋予的权力，可以要求被辅导者按时参加和完成相应的作业和任务。

专家权力。一个拥有这种权力的管理者热衷于与人分享他的经验、技巧和才干。他会毫无保留地向任何有需要的人提供技术上的建议，或者对他们提供额外的指导和培训。这是一种基于知识和技术的权力。辅导中，由于专业技能和阅历经验的优势，无形之中辅导者对被辅导者产生着专家权力的影响，在各个方面都可以给予一些建议和指导。

参照权力。一个人把另一个人奉为榜样，另一个人对这个人便有了参照权力，比如明星影响粉丝、“大咖”影响民众，就是典型的参照权力。德才兼备的企业内部导师在徒弟的心中，就是学习的楷模、模仿的对象，容易帮助徒弟树立清晰的职业目标，确立良好的职业形象。

哲学家伯特兰·罗素说过，改变观念也是重要的权力。在上面五种权力的基础上，说服别人也是一种重要的权力，应该放入其中，并称为信息权力。辅导中，被辅导者有可能会受到激励和鼓舞，信任辅导者的专业、素养和人品，相信辅导者所说所做，并愿意学习、借鉴、顺从、模仿和追随。

领导力学者刘澜认为，还应该有第七种权力：关系权力。最典型的关系权力，是对方以前帮过你的忙，你感觉欠了人情，所以下次对方让你做什么，你都会听他的。这个时候，帮过你忙的人，就发挥着关系权力的作用。这种现象，在辅导关系中也易发生，往往有效辅导一段时间后，辅导双方的关系会更加紧密，被辅导者为感谢辅导者的付出和培养，会积极回应辅导者的要求，此时辅导者对被辅导者就发挥着关系权力的作用。

刘澜在七种权力的基础上，结合组织中的情景，又把权力归纳为两类。其中奖赏权力、强制权力和法定权力主要来自职位，可以归为职位权力；专家权力、参照权力、信息权力和关系权力可以归为另一类，即个人权力。由此可以看出，前者侧重的是组织赋予的，后者更多的是个人影响力方面的；权力和职位不是必然的关系，有时职位只是行使权力的工具；没有职位也会有权力，可以从多个方面提升自己的权力；即使职位很重要，权力也可能很小，职位的重要与否和权力的多少，没有直接的关系。

辅导者在不同的逻辑层次上扮演着向导、师傅、教师、导师、激励者和唤醒者的角色，结合上述七种权力，向导、师傅、教师更多的是组织赋予的头衔和职位，具有天然的法定权力，可以行使奖赏和强制权力；而导师、激励者和唤醒者的辅导者角色，更侧重的是个人权力，具备专家参照、信息和关系权力，并对被辅导者产生更深层次的影响和作用，如图2–4所示。

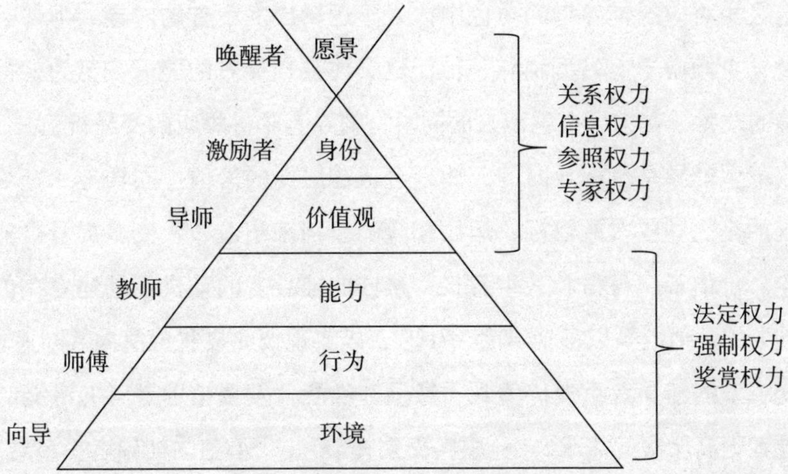

图 2-4　辅导者的权力模型

三、交易型辅导和变革型辅导

领导力大师伯恩斯根据领导者与追随者之间的关系本质，将互动形式划分为交易型领导和变革型领导。当一个人为了交换有价值的东西而主动与他人联系时，领导就产生了。这种交换在性质上可能是经济的、政治的或者心理的，如先对他人表示友好，以换取他人的倾听等，这一类人称为交易型领导。当一个或更多的人与其他人结合从而使领导者和追随者彼此将双方的目标和道德提升到更高的水平时，就出现了变革型领导。变革型领导的权力基础不是以势均力敌的方式联系在一起，而是以相互支持、实现共同目标的方式联系在一起的。

与交易型领导相似，交易型辅导是双方为满足彼此的需要，以换取相应的价值的辅导方式。在企业辅导中，管理者为了谋取团队更优的绩效，需要帮助下属成长，更好地完成任务；某些导师为了实现绩效考核指标，完成领导交给的任务，得到领导的认可，从而抽出时间帮助徒弟更好地融入组织，提升专业技能等。这种类型的辅导都是基于资源或价值的交换，彼此各取所需、互相成就。

与之相对应的辅导者的角色中，处于逻辑层次下方的向导、师傅、教师的角色，更倾向于交易型辅导，他们更关注被辅导者的能力、行为的提升以及环境的改善，在辅导成就他人的同时，辅导者获得相应的交易价值。

变革型辅导是目标导向的，体现着道德层面的价值。同样地，变革型辅导追求的是更高层次的目标，运用相应的技巧来塑造、改变、提升被辅导者的信念、价值观、身份和人生意义。这样的辅导者的动机不是建立在价值交换基础上的，他们是以被辅导者为中心，以实现彼此自我价值为共同追求。

变革型的辅导者重视价值观、激励和唤醒，发掘被辅导者的潜能，满足被辅导者更高层次的需求，“仓廪实而知礼节”。变革型的辅导者扮演着导师、激励者和唤醒者的角色，能激活内在的动机，看到人生的愿景，站在人生意义的最高点；面对遇到的障碍、桎梏、羁绊和关卡，也能自然地解决。

卓越的辅导会兼顾交易型和变革型，有时既要满足“世俗”的价值交换，还要逐渐拉高被辅导者的需求层级，从觉察的深处实现全面的变革。对领导者而言，这是领导艺术的基本方法；对辅导者而言，这也是卓越辅导的基本理念。交易型辅导者与变革型辅导者如图2–5所示。

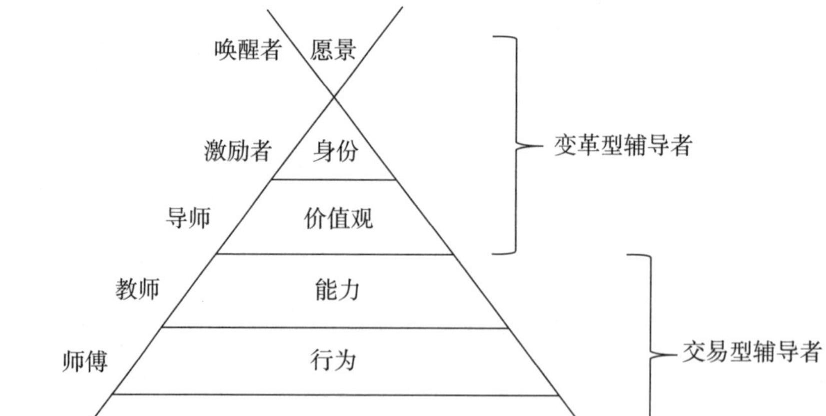

图 2–5　交易型辅导者与变革型辅导者

ORIID五大计划性问题复盘

ORIID是人的大脑思考问题的自然框架，应用十分广泛。基于此原理的五大计划性问题，组成了辅导中较为常用的发问框架，也可以作为本书每一章回顾复盘和提炼总结的方法。

回顾一下，从这一章中你的主要收获有哪些？请用ORIID五大计划性问题对本章的内容进行结构化的提炼总结（见图2-6）。

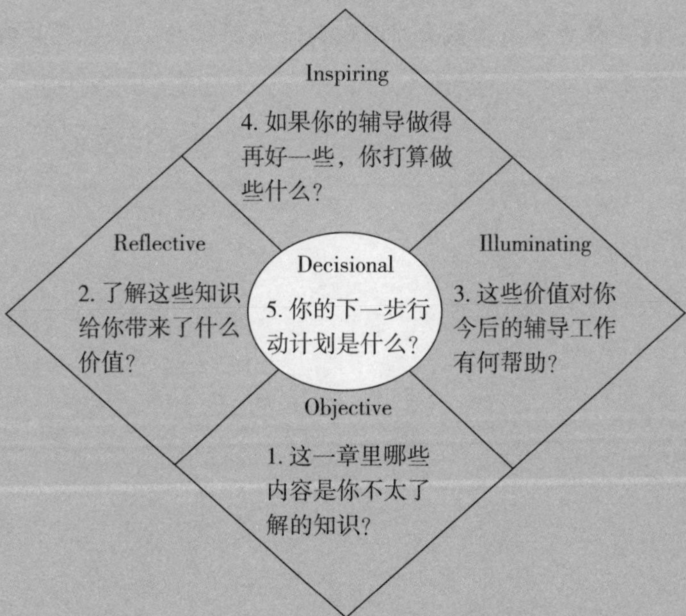

图2-6　ORIID 五大计划性问题

本章小结

辅导与教育、培训、教练之间有很多不同，其最大的特征是场景化，它离绩效最近，最贴近业务场景。辅导是管理和领导的结合体，其目标如果聚焦于能力的提升、行为的改善和环境的优化，更倾向于管理的情境，更偏向于交易型辅导；如果通过价值观、使命和愿景以激励被辅导者朝向某一方向前行，则更像是领导，偏向于变革型辅导。七种权力在辅导中都有表现，且奖赏权力、强制权力、法定权力对应的是逻辑层次的下三层及其辅导者角色，专家权力、参照权力、信息权力和关系权力对应的是逻辑层次的上三层及其辅导者角色。

第二部分

信任与关系

信不足焉，有不信焉。悠兮其贵言。功成事遂，
百姓皆谓我自然。——老子

第三章 辅导是一种关系

一、关系决定成果

辅导是人与人之间的互动，本质上是一种关系。关系同时是辅导的基础，没有关系就不存在连接，没有连接就构不成辅导系统。所以，辅导双方只有建立紧密的关系，才使辅导得以开展，才使内容有目的地发出、传递、接收以及反馈。Walleczek[①]公司提出的关系模型（见图3-1），有助于我们加深对关系与成果之间逻辑的理解。

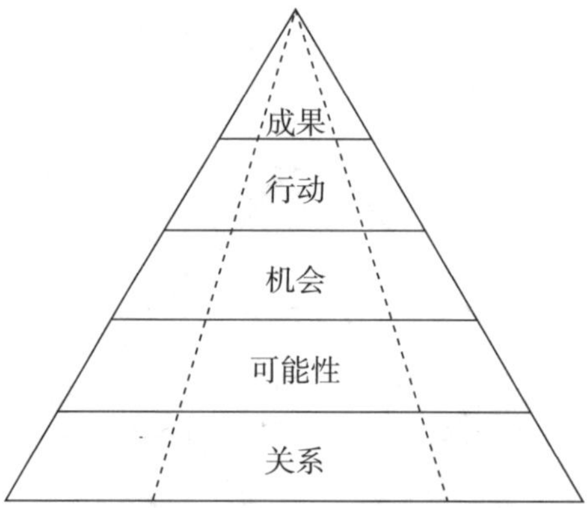

图 3-1 Walleczek 关系模型

从图3-1中可以看出，人与人之间具备了某种关系，才会期望成果的出现。关系质量越高，也就是关系层的宽度越大，成果就会随之扩大；如果关系层的宽度收窄，也就是关系质量变得一般，成果也会随之变小。所以，关系与成果呈现出正相关的影响关系。通常而言，关系质量越好，成果就会随之增加和扩大。

① 公司名，意为钱包。

同时，在关系转化为成果的过程中，一般会经历可能性、机会、行动等环节，并不断收窄，越来越向成果聚焦。一开始有了关系，就会具备实现某种目标的可能性，在众多可能性当中，就会进一步出现机会点，沿着既定的机会方向，实施一定的行动，才可能达到想要的成果。

辅导是有目的的关系模式，成果是辅导目标的外在显现。要获得期望的辅导成果，被辅导者需要有连贯性的学习动作，辅导者需要有相应的辅导动作，这些行动促使了学习成果的显现。辅导和学习的协同动作，来自辅导者和被辅导者之间的辅导机会，而这种机会不是双方不得不沟通的强制性的形式安排，而是彼此内在连接的强度的体现，是相互尊重与平等、开放与安全的场域构建。

二、六层级辅导关系

既然辅导关系对于辅导成果有着本质上的影响，那么辅导关系到底有哪些呢？正如之前所描述的辅导者角色和辅导价值逻辑层次模型，不同类型的辅导者，传递着不同性质的内容，达成不同层次的目标，相互作用中就会形成不同的辅导关系类型（见图3–2）。

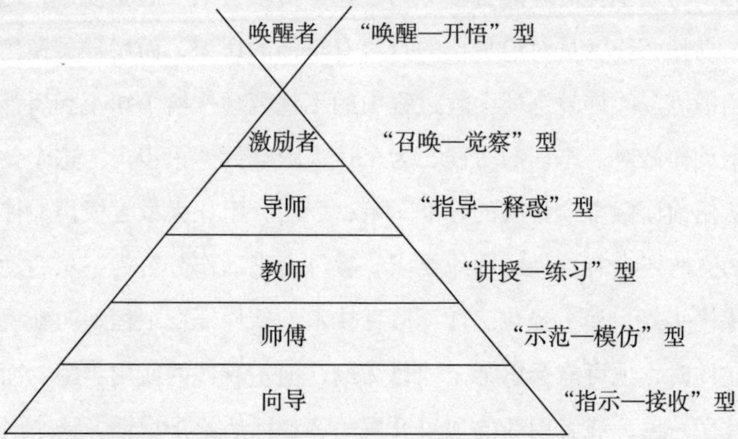

图 3–2 辅导关系模型

1.“指示—接收”型辅导关系

向导角色的辅导者，传递的是知识和信息，帮助被辅导者补充缺失的基本信息和必备知识，以帮助其更好地适应外在环境。假设我们去某地旅行，面对陌生的环境，行程安排、时间安排，当地的风土文化、治安秩序、特色产品等信息，我们都希望有所了解和掌握。当地的向导或导游作为辅导者角色，会告诉大家，新环境是什么样子的，整体的行程是如何安排的，什么时间到什么地方参观什么景点，以及安全须知和注意事项等。这个时候向导和游客之间，存在着知识信息指示与接收的关系。向导提供关于环境背景的相关知识和信息，游客接收信息后一般不会质疑，只需参照执行。企业组织中的很多管理者，喜欢采取控制、指令、告知的辅导方式，发出指示的信息后，要求下属遵照执行，更多的是单项的信息输入。这种关系我们把它称为“指示—接收”型的辅导关系。

2.“示范—模仿”型辅导关系

师傅角色的辅导者，传递的是技能和技术，帮助被辅导者改善行为，把事情做对，将效率提高。健身教练为了让学员学会某个健身动作，通常会先示范整个动作，让学员对连贯性的行为有整体的认识，而后学员模仿完整的动作开始锻炼。或许教练还会就过程中的不规范动作给予纠正和反馈，让学员把这个动作做对。军训的时候，为了让大家掌握“正步走”这个技能，教练会在队伍前面做多个角度的标准示范，而后分组让大家去模仿、体悟。参加阅兵的方队还会有更高的动作要求，教练会把动作分解为一步两动、一步一动、快慢步等，逐一强化。IT（信息技术）软件开发工程师向新手介绍使用某项软件时，也可能会以某个项目为例，演示软件的使用步骤，而后要求新手照此做一遍，或者用新的项目开发一遍，而后给予反馈。这个时候，辅导者和被辅导者之间是“示范—模仿”的辅导关系，被辅导者通过辅导者连贯性或分解性的动作和操作示范，以及自身的观察、体悟、模仿，从而习得某方面的技能和技术。

3.“讲授—练习”型辅导关系

教师角色的辅导者，传递的是思想与理论，帮助被辅导者拓展认知边界，优化思维方式，提升能力素质。内训师被誉为企业内部的专业老师，就某个领域方向分享自己的感悟，介绍专业的前沿理论，提供应用的工具，让更多的企业员工获得思想的启迪、认知的升级、能力的提升，他们或举办讲座式的分享，或采取工作坊式的研讨，或开展行动学习式的持续跟进等。这个时候的教学形式灵活多样，有相对正式的讲解和传授，还会组织一定的练习和应用，从而令思想和理论内化于心，形成企业员工思维的变化、能力的提升。所以辅导者和被辅导者之间存在“讲授—练习”型的辅导关系。

4.“指导—释惑”型辅导关系

导师角色的辅导者，对应的是价值观和信念，能帮助被辅导者明白事情背后的意义和价值。导师是人生或职业的榜样，是值得追随的标杆。不同于上面角色的辅导者，导师和徒弟之间的关系往往是长期的，短则3个月，长则1年、2年、5年甚至更长时间。京剧、相声等艺术形式特别讲究代际传承，良好的师徒关系甚至可以保持一生，一方面艺术的修炼是一个长期的过程，稳定的师徒关系有助于艺术的传承；另一方面很多艺术形式需要团队出演，可以形成整体力量，并在实践中摔打成长。企业导师制是现代企业人才培养的重要形式，导师不仅要传授相关的技能技术，还会立足徒弟的长期职业发展，做好职业目标的设定和生涯的规划。更为重要的是，由于导师和徒弟之间的密切关系，导师还要帮助徒弟树立正确的价值观，强化正向的信念，破除限制性的障碍，使得徒弟有更长远的职业发展和更持久的内在动力。建立在这种关系上的辅导，导师采取的更多是指导，徒弟则能释惑。

5.“召唤—觉察”型辅导关系

激励者角色的辅导者，是在逻辑层次的身份层支持被辅导者，激励他们发现小我的志向和大我的使命，并将两者整合起来。苹果公司创始人史蒂夫·乔布斯是一位典型的变革型辅导者，他满怀热情做事，创造愿景与同事一起工作，并为其注入热情和动力，激励他们不断攀升创造力的新高度。华为创始人任正非曾说过：光是物质激励，就是雇佣军，雇佣军作战，有时候比正规军厉害得多。但是，如果没有使命感、责任感，没有这种精神驱使，这样的能力是短暂的，只有正规军有使命感和责任感驱使，能长期作战。使命感召唤下的员工，觉察自省下的员工，会将个人的志向价值和组织的使命价值完美融合起来，实现小我和大我的统一。有了觉醒下的发自内心的使命感责任感，员工就有了生生不息的精神动力，就会主动化解困难矛盾，解决问题，跨越以前不敢想象的山峰。辅导者需要用使命感去召唤被辅导者，让他们去感受、去发现、去觉察肩负使命的价值感和光荣感，将个人融入组织，实现个人与组织的融合。这样的辅导关系，我们称为“召唤—觉察”型辅导关系。

6.“唤醒—开悟”型辅导关系

正如臧克家先生所说：有些人活着，他已经死了；有些人死了，他还活着。唤醒人们从梦中醒来，让更多的人觉醒过来，是辅导者的终极使命。唤醒者角色的辅导者，为他人创造的是愿景和方向，打破的是内在的自我限制，跳出的是舒适的安全区。“唤醒”是这种辅导关系的关键词，唤醒他人意味着你本身是醒着的；唤醒意味着你要具备相当强的能力，可以将他人唤醒和点燃；唤醒意味着你是一位正直和身心合一的人，不然即使别人醒了还会“装睡”下去。开悟指的是被辅导者应对唤醒的最终状态，开悟意味着对愿景和方向的重新认识，开悟意味着意识边界的拓展，开悟意味着对环境和自我的清晰感知，开悟意味着发现了更多的可能性。“唤醒—开悟”型的辅导关系，对应的是逻辑层次的愿景层，只有让他人感知到未来的图景，人们才有持久改变的动力。回顾人生的轨迹，是什么让你转换轨道，从一个专业改成另一个专业，从一个岗位调整到另一个岗位，从一家公司跳槽到另一家公司，从一个职业转换到另一个职业，从一种身份切换为另一个身份？谁在唤醒你？什么在召唤你？你又有什么样的开悟和成长？

通过前面的介绍，我们了解到关系对于成果的重要性，关系质量的高低决定了成果的大小；辅导关系具有六个层级，不同的辅导角色对应着不同的辅导关系，辅导关系会随着辅导角色的变化而变化。因此，辅导目标成果的达成，需要辅导关系作为基础，有了信任安全的辅导关系这一基础，才有可能产生有效的辅导。

同时，辅导关系的建立和保持，需要双方对自我有更加清晰的认知，对彼此行为模式、习惯风格、学习认知有一定了解，并进行有针对性的调整和适应，如此信任安全的辅导关系才会得以建立、发展、巩固和保持。

为此，辅导者需要了解学习是如何发生的，认识人的主要学习器官——大脑；需要认识人的习惯化的行为模式特征，有效匹配对方；需要认知自我的指导风格特点，判断对方的学习风格特点，从而达到更好的辅导关系，增强辅导效果。

ORIID五大计划性问题复盘

ORIID是人的大脑思考问题的自然框架，应用十分广泛。基于此原理的五大计划性问题，组成了辅导中较为常用的发问框架，也可以作为本书每一章回顾复盘和提炼总结的方法。

回顾一下，从这一章中你的主要收获有哪些？请用ORIID五大计划性问题对本章的内容进行结构化的提炼总结（见图3-3）。

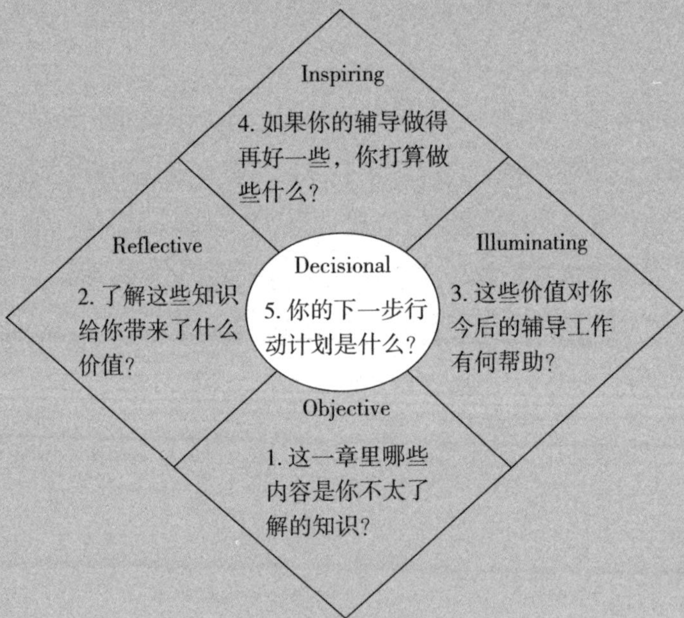

图3-3 ORIID五大计划性问题

本章小结

关系与成果属于正相关的关系，辅导关系的质量越好，成果便会随之增加和扩大。依据辅导的逻辑层次原理，辅导关系包括“指示—接收”型、“示范—模仿”型、“讲授—练习”型、“指导—释惑”型、“召唤—觉察”型和“唤醒—开悟”型六种类型，这种分类能够指导辅导者认识、优化和改善辅导关系，调整辅导策略，追求更好的辅导实效。

第四章　辅导的脑科学基础

人类学习的本质是大脑神经元的改变。通过辅导的方式培养人、发展人，需要弄清被辅导者学习过程中大脑的变化特征和规律，从而更加精准有效地设计辅导、实施辅导和评估辅导，以寻求更大的辅导效益。

一、一个大脑

人的大脑是极其精密的“仪器”，其复杂程度如同浩瀚无边的星空，我们对自身大脑的认知程度就像人类对宇宙的了解程度一样。随着神经生物学的发展，慢慢地人们对大脑的认知越来越多，尽管目前我们知道的仅仅是冰山一角，但在“人类如何学习”这个角度已经有了新的认识和发现。

1.大脑是个活跃的“小宇宙”

大脑由多种多样的脑细胞组成。神经科学家做过估算，虽然认识并不完全一致，但多数认为人的大脑细胞平均在1000亿个左右。更为重要的是，这些神经细胞大都是互相连接着的，如同一张张立体的多层的密网，相互交织在一起，形成一个小宇宙。大脑的重量在1.0～1.5千克，男性和女性略有差异，但都远低于人类自身的重量。大脑消耗的能量占整个身体的20%左右。大脑如计算机硬盘一样，存储着大量的记忆信息。大脑很勤奋，24小时都在工作，即使在夜间睡梦中，大脑的某些部位还在工作，甚至十分活跃。

2.大脑是个“电影摄制组”

世界顶级科学记者本尼迪克特·凯里在《如何学习》中将大脑比喻成电影摄制组。大脑的不同区域类似电影组的工作人员，职责不同，分工不同，功能也不同。摄影师负责取景、构图，把镜头拉近、推远，然后录下影像；录音师负责录音，过滤背景噪声，呈现录制的声音。还有剪辑师、编剧、绘图师、道具设计师、作曲家等，他们负责展现角色的语气、感受，表达各种情绪。还有专人保管书籍、整理财务单据、记录人物与事件。导演当然是最重要的角色，他会决定哪儿该留、哪儿该裁，并按照一定的剧情将素材编织在一起，从而演绎出一个完整的故事。当然，这个导演也是大师级的，不是随意编排故事，而是针对外部环境的信息，做出最恰当的解释。

每个人的大脑中都有一套“电影摄制人马”，不停地拍摄着自己的人生“纪录片”，而且足够智能，会快速整合不断加入的新信息，再推敲“原始胶片”，做出新的剪辑决定，恰当地嵌入“电影”之中。虽然这个比喻不是太准确，但从某种意义上形象地揭示了大脑的运作模式，帮助我们大致理解其中的作用机理。

3.点亮记忆的“火花”

人的一段段记忆都是由大脑里一张张神经元网络构成的，并不是随机无规则连接的。当我们外出旅游看到一片美景，大脑里便会有一连串一定数量的神经元“唰”地被同时“点亮”，如果能通过功能性核磁共振（FMRI）的监视，会看到大脑里某些区域“变亮”。这就是人对这个美景的第一次记忆，通过大脑中的海马体将亮起来的神经元连接成网络。科学家将这一连串的细胞，称为神经元突触，每次回想起这个美景，记忆便被提取一次，提取的次数越多，突触就会被加固得越厚，记忆也就越深刻。

对学习者而言，记忆无疑是最重要的事情。记忆有不同的分类，按照信息的类型，记忆分为外显记忆和内隐记忆。外显记忆指的是可以说出来的，供大家讨论的，显示出来的记忆；内隐记忆则更多属于无意识或潜意识范畴，往往只可意会不可言传。这两类记忆储存在大脑的不同位置，被处理的方式也不同，这将对人们的学习产生影响。

4.遗忘的独特威力

人们都不喜欢遗忘，经常形容健忘的人“不长脑子”“左耳朵进右耳朵出”等。心理学家罗伯特·比约克曾说过：我们以为遗忘是件很糟糕的事，是大脑系统的败笔，但实际上，遗忘往往是学习的良师益友。其实，遗忘具有正向的、独特的作用，如同在电脑硬盘里不停地存放东西，其运行速度就会变慢，过多的信息也会使大脑变慢。在进化中，大脑具备了过滤干扰信息的功能，形成了自然界中最为精致的“垃圾信息过滤器”，这一功能使得大脑能够专注于某一件事，屏蔽掉背景噪声，只让该出现的信息出现在脑海，该输出的信号输送出来。

艾宾浩斯遗忘曲线是一个记忆随着时间推移而逐渐消失的曲线，表示已经学习到的东西若没有机会进行运用，必将从记忆中逐渐消退，甚至彻底消失。这也就是如今很多人认可的，学习就是“用进废退”。后来科学家再次做了类似的实验，结果发现人们不仅会忘记曾经记得的东西，还会记起被遗忘的东西，记忆并非像艾宾浩斯遗忘曲线所指的那样，随着时间的推移，沿着单一的方向一路消退下去。也就是说，除了遗忘的走向，还有另一条走向，即回想。这其实是记忆的增长，记忆里会冒出一些人们并不记得但学过的词语和数据等。比如，我们努力想背下一首诗，再次调取时遗忘和回想这两种走向都会同时出现。

二、两个半球

工作生活中，人们经常说“这个人左脑发达”“那个人是右脑人”，有时甚至把左右脑和性别关联起来，说男性偏左脑，理性；女性偏右脑，感性。纵然，这样武断的结论已经被新的科学发现所摒弃，文化上的标签缺少科学观点的支撑，但人们这种习惯性的说法，在日常生活中还是比较普遍的，其背后有什么样的理论依据呢？这对辅导他人又有什么参考价值呢？

认知神经科学之父迈克尔·加扎尼加一生50余年的学术生涯都在研究大脑的功能，揭示大脑半球的分工，探索左右脑半球之间的关系。传记作品《双脑记》详细记录了他一生孜孜以求的研究发现和主要成果。美国《科学新闻》也曾专门刊发《半脑分工的临床及实验证据》一文，并对左右大脑的功能进行了详细的描述。

1. 左脑（右半边身体）

☐ 语言、文字；

☐ 逻辑、数学；

☐ 线性、细节；

☐ 循序渐进；

☐ 自制；

☐ 理智的；

☐ 强势的；

☐ 俗世的；

☐ 积极的；

☐ 好分析的；

☐ 阅读、写作、述说；

☐ 顺序整理；

☐ 善于察知重大秩序；

☐ 复杂动作顺序。

2. 右脑（左半边身体）

☐ 空间、音乐；

☐ 整体的；

☐ 艺术、象征；

☐ 同时并进；

☐ 易感的；

☐ 直觉的、创造力强的；

☐ 弱势的、安静的；

☐ 性灵的；

☐ 感受力强的；

☐ 综合的、完形的；

☐ 辨认面目；

☐ 同时理解；

☐ 感知抽象图形；

☐ 辨认复杂的数字。

凯里在《如何学习》这本书里形象地描述了左脑和右脑的功能：左脑是智者，是语言学家，与右脑割裂开来后，人的智商完全不受影响；右脑是艺术大师，是处理空间与视觉的行家；左右脑必须密切协同，恰如正副两名飞行员。

加扎尼加在其实验研究中已经发现，左右脑并不是完全对称，有着不同的功能性分工，但同时它们不是完全独立，而是有更多的合作和协同。根据个体的大脑优势和半球的差异，我们可以针对被辅导者的学习特点和倾向，为辅导者提供相应的建议。

3. 针对左脑型学习者

该类型的被辅导者，学习工作往往积极主动，爱用言语的、逻辑的方式处理信息，对细节问题特别敏感，善于分清主次，抓住重点，做事的自觉性、计划性、条理性强。利用左脑进行逻辑加工时，需要花费的时间长，消耗的能量大。

作为辅导者，需要给予他们充分表达的机会，让他们多说、多写，鼓励他们用语言和文字的方式把自己的观点表达出来。辅导者在表达自己的观点时，需要有清晰的思路，有明确的流程、步骤，最好可以让被辅导者能够按部就班操作。辅导者还可以给他们参考资料，包括文章、书籍、电子材料等，甚至可以布置些作业，让他们自己查阅相关资料、阅读视频文本等，做些前期的学习准备和后期的消化吸收工作。

4.针对右脑型学习者

被辅导者容易接受新事物，空间概念较强，喜欢以直觉的方式处理信息，善于把握整体，喜欢灵活的规则和活动，喜欢趣味性、形象性的学习材料。由于右脑主要负责直观的、综合的、几何的思考认识和行为，它承担的功能在思维活动中起着至关重要的作用。人们用右脑加工信息时，会有美妙、有趣和轻松之感。

针对这一类型的人，辅导者需要利用他们的空间优势和视觉特长，多使用视频、图片、图形等视觉素材，现场对照沙盘、模型、图像进行讲解示范，鼓励他们参与创作和表达。组织丰富有趣的活动，创设互动式的学习体验，创造画面愿景和身份形象，使其有深层次的觉察和发现。多给他们讲有画面感的故事，包括自己亲身经历的或身边人的故事，可以引起他们更多的共鸣和体验。

在加扎尼加的进一步研究中，大脑不但在统筹左右半脑时带着整体意识，而且在一切活动中都会以整体意识进行统筹。实验中，他还发现左脑擅长“编出一个故事来”，能根据想要的东西编造出一套有条理的说法来。就好像我们听到有人说悄悄话，提到自己的名字，会猜想出很多背后的理由出来一样。

加扎尼加把左脑这一叙事系统模块命名为“解释器”。有时候它就像“导演”，能够让每一部电影、每一个故事、每一个情节自圆其说、合情合理，可以把零散的信息拼合成易于理解的整体，并赋予一定的意义。

当然任何一个人都不会单独用左脑或者右脑来思考，除非情况特殊。对左脑或右脑的偏爱取决于学习情境、学习任务的性质、思考模式等因素，有时较多地使用左脑，有时较多地使用右脑，左右脑之间的联系有时紧密，有时不紧密。因此，只有左右两半球的协同活动才能实现人的高度完整和行为适当。

三、三脑模型

管理大师詹姆斯·马奇认为模型是对世界一部分的简化图像，它具有现实世界的某些特征，但不是所有特征；它是一套关于世界相互关联的猜测。人的大脑的复杂程度超出人们的想象，通过模型来认识它，无疑是条非常有效的途径。前面讲的两个半球理论，也是模型化的产物。三脑模型能让我们从其他视角来认识大脑，并更好地指导辅导实践。我们梳理下来，有三种三脑模型，都有一定的价值和意义。

1.三位一体大脑理论模型

20世纪60年代，神经科学家保罗·麦克莱恩开发了三位一体大脑理论模型，描述了大脑的整个进化过程。该理论假定人的大脑由爬行动物脑、古哺乳动物脑和新哺乳动物脑组成。从当今的神经生物学的发展成果来看，这个理论模型并不科学，也备受争议，但从辅导者的角色来看，其可以帮助人们更好理解和认识世界。

（1）爬行动物脑。

这是位于脊柱上方脑干区域的小块扩展部分，主要包括基底核。基底核主要负责控制大脑复杂的本能行为，比如人的手碰触到滚烫的开水，会快速地收回来，这个时候就是爬行动物脑在起主要作用，因为保护身体安全是人的本能反应。所以这个脑又被称为本能脑，它的主要功能是战斗、逃跑、僵住以及产生性欲等基础的本能反应。因为它是最先进化形成的古老脑系统，所以人在遇到危险的时候，这个大脑的反应速度是最快的。

（2）古哺乳动物脑。

其又称边缘系统，包括海马体、杏仁核、下丘脑和扣带皮层等，负责控制哺乳、繁殖以及情感和行为。因此这个脑又被称为情绪脑。这个大脑所有的哺乳动物都有，如和人类生活在一起的狗、猫等宠物，它们的大脑和人类的古哺乳动物脑有九成以上的相似度。从学习的角度看，海马体主要是处理记忆的，人的记忆能力直接和它相关；杏仁核与情绪相关，积极的、正向的、开心的、好奇的情绪都可以促进深层记忆；胼胝体连接左右脑，主管两个半球信息的传递，发挥左右脑的各自优势，并进行有效整合，实现大脑的协同运作，加速学习。

（3）新哺乳动物脑。

它主要指的是大脑皮层，占据大脑的大部分区域，负责控制人类更高级的认知功能，比如视觉、计划、感知、想象和语言等。如果将人类的大脑皮层展开铺平，那些我们看到的“褶皱”，足足有一把雨伞那么大。同时人类大脑的褶皱或脑沟，比其他动物要多得多，大脑皮层的表面积也更大一些，所以我们才能做更复杂的思考和运算。大脑皮层是人类与其他动物区别的根本。

（4）三位一体大脑理论模型对辅导者的启示。

新哺乳动物脑对感官信息、沟通决策之类的复杂思考进行处理加工，对于被辅导者的学习成长产生直接影响。

古哺乳动物脑与记忆和情绪密切相关，而这两方面影响长期的学习效果，至关重要。

辅导学习开展前，应首先满足饮食、睡眠等生理方面的需求。

被辅导者处于害怕、恐惧等消极的情绪状态中，古哺乳动物脑会选择关闭，学习效果会很不理想。

应营造安全、开放的辅导环境，待被辅导者情绪较为稳定的时刻再开始辅导。

发挥新哺乳动物脑特性，利用其在视觉、语言等方面的影响，为被辅导者创造丰富美好的学习体验。

2.头、心、腹三脑模型

前面我们介绍的大脑，主要指的是人的大脑，含有大量的神经元，在各个层面参与功能运作，有着极其复杂的运作过程。但在人的体内，神经元不只在头脑中存在，在身体的其他器官内也存在，且和头脑中的神经元紧密相连。于是，人的大脑就有了头脑、心脑和腹脑的划分。格兰特·苏萨鲁和马文·奥卡在《三脑教练》一书提出头脑、心脑和腹脑合一的实用方法和技术，帮助人们建立和谐的大脑反应模式，他们认为头脑的首要功能包括认知观点、思考和赋予意义等，心脑的首要功能包括情感、关系影响、价值观，腹脑的首要功能有动员、自我保护、核心价值认同。头脑在这里不多介绍，主要介绍心脑和腹脑。

（1）心脑。

吉·安德鲁·阿穆尔在神经心脏学研究中，发现心脏有一个复杂精微的内在神经系统，可以称为“脑”。心脑中有4万到12万个神经元，不同的人数量不同，神经元数量会随着年龄的变化而变化。这些神经元可以脱离头脑的神经元独立发挥功能，能够学习、记忆、感觉和意识，还可以分泌和使用多巴胺、去甲肾上腺素等，甚至能够分泌出被称为爱情荷尔蒙的催产素等。这样的科学发现，和过去几千年来心脏被认为是人的智慧中心、思想中心高度一致，也为我们经常说学习要“用心”“走心”提供了依据。

（2）腹脑。

100多年前，人们就发现了腹脑，迈克尔·葛申博士就发表过开创性的专著《第二脑：你的肠有它自己的思想》；1907年，临床医学家、科学家拜伦·罗宾森发表过《腹盆脑》。但只是在近些年，人们才回过头来重新注意腹脑理论。在腹脑里有超过5亿个神经元，大小和复杂度相当于猫的大脑，所以罗伯特·迪尔茨曾开玩笑说："我们在肚子里装着一只猫。"人的腹脑同样具有可塑性，能够学习，形成记忆，还可以采取新的行动以及生成新的神经元。

（3）作为辅导者，能得到的启示。

帮助自己和被辅导者达到头脑、心脑和腹脑一致和谐是辅导追求的终极目标。

不同的人有不同的思考方式，有的人善于使用头脑，有的人喜欢走心，有的人对身体感受特别敏感，可以用头、心、腹三脑模型去观察和聆听，判断被辅导者的思考方式。

大多数人一般会从心脑开始，然后到头脑，再经过心脑，到达腹脑，最后达到三脑合一的结果。

带着三脑框架去聆听被辅导者，使用与心脑、腹脑和头脑相对应的方法，促使被辅导者身心一致。

与被辅导者沟通时，综合运用语音语调、身体姿势和状态调整等方式，真实地表达你的思想、情绪和主张。

3.三个心智模型

前面我们介绍了人的大脑（特指"头脑"）的三位一体大脑理论模型，在此基础上我们又拓展到全身心拥有神经元的地方：心脑、腹脑和头脑。把脑的概念从头扩展到了全身。而在斯蒂芬·吉利根看来，人的心智不止于此，在我们的场域周围也同样有心智存在，我们把它称为"场域脑"。

（1）躯体心智。

如上面所说，在人的躯体里有大量的神经元，它们有一整套知识和智慧模式。一方面，围绕大肠和腹内其他消化器官有一套复杂精密的神经系统，也就是上面提到的腹脑内的神经组织；另一方面，人的心脏不只是机械地向全身供应血，它自己也是脑神经组织，也就是上面提到过的心脑内的神经系统。腹脑和心脑在人的躯体部分，吉利根把它们统称为躯体心智或躯体脑。

（2）认知心智。

认知心智也就是我们大脑内的思想，这个大家再熟悉不过了。由于大脑皮层的特有功能，认知心智讲逻辑、重分析，负责画图、排序、计划、决策、想象，以及人类其他独有的美妙的活动。过去两千多年以来，人类异常重视认知心智的开发，形成了相对完备的科学技术和文明成果。但在日益复杂和不确定的今天，仅研究认知心智有时令人力不从心，研究者们急需整合人类包括躯体心智、认知心智在内的全场域心智资源，才能创造新的文明成果。

（3）场域心智。

格林高利·贝森在《走向心智的生态》中提出，个体的心智存在于身体里但又不仅仅在身体里，它普遍存在于身体以外的通路与信息里；并且，还有一个庞大的心智存在，个体的心智只是这个庞大心智的分支系统。量子物理的新发展，也证明了场域心智的存在。所以，不单单在人体内有意识存在，周围也同样有意识，这个意识表现在人们生活在部分共存的动态场域里，包括历史的、家庭的、文化的、环境的。吉利根认为，空间中的关系与互动模式产生了有关场域，也就形成了场域心智。

（4）三个心智模型给辅导者的启示。

辅导对话是一种在特定场域下的关系，营造这样的场域，就是在创造这种心智。

感知躯体、认知和场域心智，试图去整合三者，谋求内在的一致性。

感知你和被辅导者对话中的场域能量，合理分配你、被辅导者以及关系场域三方的注意力。

聆听被辅导者躯体和认知心智变化，保持和谐的场域空间关系，层层推进整个对话流程。

四、四叶脑模型

人们对大脑的认识越来越深入，人们经常从电视和网络上看到的灰扑扑的、皱巴巴的圆顶，就是人类最晚进化才有的新皮质脑。这个大脑的出现是人类区别于其他动物的物理基础，也是人类智慧的源泉。让我们一同认识它，以便更好地遵循其发展规律，为人的学习和发展服务。

1. 枕叶

枕叶为视觉皮质中枢，主要负责视觉信息处理，枕叶病损时可以引起视觉障碍。枕叶可以控制眼球运动，参与语言信息加工、工作记忆和运动知觉等活动。视觉占了大脑50%以上的资源，但我们看到的仅仅是大脑告诉我们的，并不具有100%的准确性，“所见的未必是真的”也就是这个道理。

2. 顶叶

顶叶对计算、运动能力，以及对方向、疼痛、温度、触感和压力的响应都十分重要。其负责有意识感受，如温度感、疼痛和刺激，整合感觉成为较复杂和有意义的知觉。感觉联合区域可进行多种感觉信息与言语的整合，如完成听—视、触—视、视—触匹配作业等，形成更高层次的认知。空间认知区域负责明确在空间如何朝着目标进行运动，从而确定空间位置。

3. 颞叶

颞叶协调感官，尤其是听觉以及语言理解系统，它还处理一部分记忆。听觉信息加工中，左颞叶负责语言类听觉材料，如数字、词语、音节等，右颞叶负责非语言类听觉材料，如风雨声、鸟叫声、音乐旋律、传达情绪的句子等。记忆功能中，海马体负责信息储存和提取，左颞叶参与词语信息的保持、再认和回忆过程。

4.前额叶

前额叶通常被认为是脑部的决策指挥和命令控制中心，在大脑的前庭部位，是最晚进化形成的部分，主管着很多认知功能。艾米·布兰在《教练的大脑：基于神经科学的思维训练》一书中这样介绍前额叶的功能：

- □ 它的角色既像企业的CEO，又像乐队的指挥官，简而言之，它类似于老板，对管理职能负责，这些职能包括思考、选择和计划等；
- □ 多年来，它已经发展得相当可观，最近的研究表明，冥想可以进一步增加它的体积；
- □ 它非常耗能，而且能量可以迅速被耗尽；
- □ 压力将损害它使用能量的能力；
- □ 从结构上来说，它属于大脑前庭，位于大脑的最前端区域。

五、五大感官

感官是人类和动物感知世界的途径，人们通过眼睛、耳朵、皮肤、鼻、舌头等接收外面世界的信息，获得对外部世界的知识。如迪尔茨在《语言的魔力》一书中所说：作为与外界互动的主要方式，感官是我们的“世界之窗”，感官体验是我们所有外界知识的最初来源，也是我们建构世界观的基本建筑材料。

辅导是在帮助人们学习，促进行为改变的发生。而大脑是人们学习的主要器官，喜欢多感官的世界，能让学习的黏性更强、效率更高。为此，卓越辅导者要充分创造多重感官的学习体验，需要对五大感官有更为全面和清晰的认识。

1.视觉

眼睛是心灵的窗口。视觉是人类重要的感官通道，人们在处理视觉信息时比其他感官消耗的能量也会更多。虽然我们的眼睛长在大脑的前端，但视觉信息流却位于后脑勺的视觉皮层。复旦大学寿天德教授综合国内外研究成果，在《视觉的神经基础》一文中提出，视觉皮层是功能无比齐全的神经结构，对空间、线段、方位、颜色等特别敏感。很多科学家也都证明了视觉皮层神经元主管颜色、形状、尺寸、距离、角度、交叉、垂直关系等视觉特征的感知。

心理学家佩维奥曾对“图优效应”进行过“双重编码理论”解释，认为图片记忆与人在学习时的知觉加工有密切关系，图片优势效应的产生是因为图片包含语义和图像双重编码。通常而言，词语只有语义线索，而图片则有语义和图像两种线索，所以图片被成功提取的概率更大，记忆效果也往往会更好。纳尔逊运用“感觉—语义”模型对“图优效应”也进行过解释，认为图像或语义是以感觉编码的形式存储的，而图片相比文字具有更为鲜明的外在特征，对应的感觉特征比文字有更明显的加工和提取优势。

为此，辅导者可以做到以下几点：

□ 多使用图片、图像对辅导内容进行呈现和说明；

□ 一图胜千文，鼓励被辅导者对文字进行图式化整理；

□ 发挥图片在学习过程中的激励作用，为被辅导者提供享受其中的学习体验；

□ 逐渐打开被辅导者的视觉通道，创造视觉画面，并用色彩进行锚定，促进深层次觉察；

□ 使用图形、色彩、标号等视觉呈现工具，提升对被辅导者的视觉冲击；

□ 用多彩的图片或精彩的故事描述情景，此时被辅导者往往会给予更多的关注度。

2.听觉

听觉是人耳对声波的感觉。声音在被传递过程中，会通过人们的双耳同时达到左右两侧大脑。美国加利福尼亚州立大学的研究人员发现，如同左右脑分工一样，人的左右耳朵也有不同的听觉：右耳能更好地处理语音，而左耳则擅长处理音调和音乐。加州大学研究员斯宁格的研究结果显示，语音能在右耳内引起更大的振动，而左耳则感应音调和音乐比较强烈。

首都经济贸易大学的张司邈曾选取万年花城社区40位居民做过实验，验证了听觉记忆确实略优于视觉记忆，其在《视觉记忆与听觉记忆的比较探究》一文中详细记录了这一实验。无独有偶，很多理论研究和实验都证明了听觉对于记忆和学习的重要作用，辅导者只有善于运用和发挥辅导对象的听觉通道，才能最大限度地帮助被辅导者高效记忆和改变行为。

为此，辅导者需要：

- □ 调整语音语调，通过变化匹配被辅导者不同的情绪状态；
- □ 使用某种类型的音乐吸引被辅导者的注意力，激发正面情绪；
- □ 将学习内容材料录制成音频提前推送给被辅导者，作为提前启动认知的方式；
- □ 鼓励被辅导者创作打油诗、改编歌词等，通过韵律使辅导内容朗朗上口。

3.触觉

约翰·梅迪纳在《让大脑自由》一书中指出：人类从远古时代到现在的进化过程中，就是在不断地猎取食物、逃避危险物以及不断移动以适应外部的环境。他还表示：无论我们是学习还是工作，我们都需要像我们的祖先一样不断地锻炼大脑……运动为我们的大脑供应能量……运动恰恰是最有可能提升认知能力的方法。

触觉通常存在于皮肤、舌头或者黏膜组织，这些部位中的压力感受器负责对不同程度的压力做出反应。在学习者动的过程中，大脑也开始活动，人的认知开始发生。有实验证明，即便是简单的站立，也能帮助学习者在数秒内提高5%到8%的心率。同时，人们的肢体会接收大量信息，给身体带来不同的感觉。

辅导者需要做到以下几点：

☐ 更多为被辅导者创造站立、伸展、书写的机会；

☐ 在墙上张贴挂图，在地上创建作业，鼓励被辅导者走动起来；

☐ 通过引导性辅导活动鼓励被辅导者拿起工具、模型，甚至亲手实际操练；

☐ 促进被辅导者的情绪与身体产生连接，通过启发性提问探索背后的价值取向；

☐ 鼓励被辅导者拿起笔多在纸上“写”，刺激触觉使其集中注意力。

4. 嗅觉

嗅觉系统是人类最为古老的感觉系统之一，在维护人类繁衍、生存、安全、防御等方面发挥着重要作用。嗅球是嗅觉系统的信息处理中心，将外界传递的气味信息传递到更高级的嗅觉皮层。嗅球通过多级连接会和海马体、前额叶等联系，而这些在人的学习记忆中都有重要作用。因人们对嗅觉最为敏感，辅导要在空气清洁无异味的环境中开展，不可在有油漆、香烟、腐烂、腥臭等异味的条件下进行，否则会直接影响被辅导者的注意力，导致辅导效果下降。辅导者可以在辅导手册等材料上洒下好闻的香水，或者使用特定气味的纸巾，让好的情绪体验和辅导联系在一起。

5. 味觉

味蕾是味觉的感受器，味蕾分辨的味觉基本上有四种：酸、甜、苦、咸。

因为味觉能激活杏仁核和多巴胺，而这些是奖励机制和味觉厌恶机制的基础，比如“妈妈的味道”就容易勾起人们对美食和童年的记忆。辅导者也可以运用这一规律，把食物作为比喻的素材，让被辅导者产生更多联想；将被辅导者的情绪和具体的味道建立连接，使其更加清晰地感受到情绪的存在，从而通过针对性的辅导对话，帮助被辅导者快速从消极情绪中走出来，创建积极的情绪体验。

ORIID五大计划性问题复盘

ORIID是人的大脑思考问题的自然框架，应用十分广泛。基于此原理的五大计划性问题，组成了辅导中较为常用的发问框架，也可以作为本书每一章回顾复盘和提炼总结的方法。

回顾一下，从这一章中你的主要收获有哪些？请用ORIID五大计划性问题对本章的内容进行结构化的提炼总结（见图4-1）。

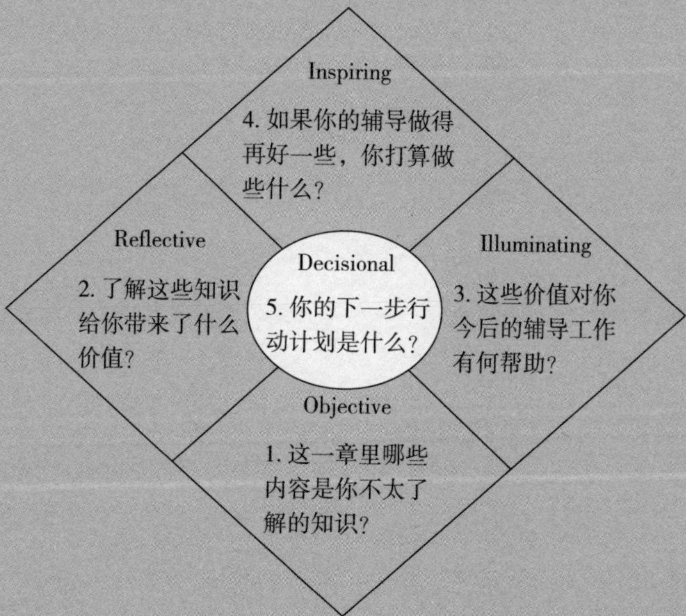

图4-1 ORIID五大计划性问题

本章小结

本章从脑神经科学的角度，帮助辅导者认识学习中大脑发生的变化特征和规律，从一个大脑、两个半球、三脑模型、四叶脑模型和五大感官等入手分别介绍了辅导对于学习成长的作用机理，提出具体的策略建议，让辅导者知其然，更知其所以然。

第五章 后设程序模式

后设程序模式，又称元程序、元模式，或者后设程序、后设模式等，其本质是人的大脑的删除过滤系统。大脑通过眼、耳、鼻、舌、身等接收外部信息，然后将信息转化成大脑可以识别的电子语言并进行处理加工，整合成新的信息，传输到联合皮层的区域，再通过语言或非语言的形式传递出去。这个过程中，每个人大脑的感觉、处理、认知的多感官整合过程都是独一无二的，我们平时说的“千人千面”就是这个道理。

一、后设程序的意义

神经语言程序学将大脑的删除过滤系统，定义为后设程序，如同我们电脑中的一些软件程序一般，隐藏在后台但始终运行着。后设程序影响着人的注意力，促使它集中到特定的地方，产出思维、决策和行为的习惯模式；影响着人的处事方式、思维方式以及背后的心智地图；影响着人的行为、个性和人格的形成与发展，在深层次、无意识的状态下运行并发挥着作用。

作为辅导者，了解被辅导者的后设程序，可以实现深度聆听，了解对方的思维模式和反应模式，从而更好地建立信任关系和亲近感，让被辅导者有“真懂我啊”的感受。更重要的是，跟得紧才能带得准。这可以帮助辅导者进行更高级的匹配，保证整个对话的流动性，带给对方深层次的觉察和体验。在电影《大话西游之月光宝盒》中，至尊宝在梦中叫了白晶晶98次，叫了紫霞784次，反映出至尊宝的注意力更多地投放在紫霞上，而不是即将要与其结婚的白晶晶。这其实就是在说明后设程序的作用，一开始当事人至尊宝自己并没有直接感受到，而是获得反馈后才有了新的觉察和发现。

后设程序的特点和功用，需要辅导者去认识和把握，这不仅有助于把握被辅导者的模式特征，更好地调整匹配，优化辅导对话的内容和方式，同时有助于被辅导者认知自我、适应工作、融入团队、密切关系、提升自我。具体而言，后设程序可以助力于以下辅导实践。

1. 理解被辅导者的思维进程

辅导可能是一段时期的持续跟进，也可能是一次简短的对话交流。但其质量的好坏，直接受制于辅导者对被辅导者思维的层次、方向、特点的认知程度。思维虽然是难以捉摸、不可量化的，但可以从诸如趋向、逃避，内向、外向，积极行动、深思熟虑，程序化、可能性等不同维度来观察和描述，从而立体地描绘被辅导者的思维画像。

2. 有针对性聆听匹配

有效辅导的前提是精准把握被辅导者的需求，而需求的把握则来自有效聆听。俗话说："锣鼓听声，说话听音。"低层次的聆听是听对方关于事情的具体内容细节，高层次的聆听听的是弦外之音，是对方的思维模式和真实意图。如此，辅导者就会主动去做有效匹配，和被辅导者建立更紧密的内在连接，信任和亲近感就会得到进一步强化。

3. 促进辅导目标的快速达成

好的辅导一定是结构化的，有清晰的辅导目标。但这个目标不是被辅导者个人的，也不是辅导者自己的，而是双方共同的目标。不同于其他的学习方式，辅导是一种集体行为，是依靠辅导双方共同创造、共同努力达成的，双方的协作和匹配是目标达成的关键性因素。如果双方和谐流畅地完成一段对话，彼此配合如同一人，这样的辅导就是最完美的。而这些都建立在双方后设程序的相知、匹配和协调的基础之上。

因此，正如罗伯特·迪尔茨在《归属感》一书中所说：对后设程序模式的良好认知不仅有助于加强你的影响能力，还有助于人们去适应工作，更加自然地与工作融为一体。

二、常用的后设程序

心理学家和NLP（神经语言程序学）的研究者们，总结梳理过50多种后设程序，每个程序反映出人的不同模式特征和行为表现。作为辅导者，你需要通过观察和聆听来评估被辅导者的情况，判断出他们的程序模式，以此提出更有力的问题，开展更有效的辅导。这里介绍辅导者常用的9种后设程序。

1. 趋向与逃避

它指的是人们对目标或对象的专注程度，或者为了避免某种情况或事物发生的行动，描述的是积极的方向。

趋向型的被辅导者说话时身体经常前倾，往往也伴有手势，且富有活力和动感；对目标极为关注，会按优先顺序处理事情或实现目标，善于对目标进行设定、跟进和管理，注重目标达成带来的结果。往往采用诸如“想要”“获得”“拥有”“指标”“绩效”“期限”“到达”“必须”“应该”“需要”之类的词汇。

逃避型的被辅导者说话时，身体往往会向后倾，手势会表现出谨慎和自我保护，注重安全感；对潜在的问题和风险较为敏感，能够主动发现和预防问题；如果提及他们不想回答的问题，会表现出躲避或消除的倾向；经常采用“消除”“排除”“减少”等词汇。

2. 外向与内向

它指的是人们在做决定时，是遵循外部来源、他人建议还是内心标准、信仰信念。当被辅导者评价某个人或事时，辅导者要去观察和聆听他们的注意点，如哪些是重要的或不重要的、哪些是好的或坏的、哪些是正确的或不正确的等，以此判断他们更注重外部条件还是内在标准。

外向型的人注重别人的意见和方向，希望知道别人的做法供自己参考，并获得激励、确定和肯定。在与别人交谈时，他们喜欢主动告诉对方或者展示结果，甚至是炫耀自己的成果。在他们提供的信息中，经常会出现“某某人会说”“别人会注意”“他人的反馈”“得到他人的认可”“公共媒体的看法”等。

内向型的人有自己的标准尺度，有自己的动机理由，并以此作为做决定的主要依据，即使听从他人的意见，也仅仅遵从那些他们认为值得听从的人。这种人注重内在的价值信念、声音感受以及想要的愿景方向，并以此作为决定和判断的依据。

辅导时，越是外向的人，越希望得到更多的反馈；项目的早期阶段，尽可能地与内向的人合作，他们可以投入更多的精力推进项目；面对较多的新的内向被辅导者，需要更多介绍你的资历、技能和成就，好让他们觉得接下来的辅导特别值得倾听。

3. 积极行动与深思熟虑

它指的是在面对某些事情时，被辅导者是主动采取行动还是犹豫等待。

积极行动的人喜欢说短句子，语速也往往比较快，肢体语言也会表现出不耐烦。他们很少犹豫或思考，不喜欢分析，容易下结论，会主动做事并投入地完成它。他们的关键词包括“投入”“说做就做”“时机”“速度”“不要等待”“加油”等。

深思熟虑的人经常会回答“等我考虑一下”“先研究一下”，往往使用比较长而复杂的句子。他们习惯停下来了解情况、分析和思考，等待他人开始行动。他们的关键词包括“考虑”“分析”“评估”“等等看”“可能”“可以”“别人怎么做”等。

4. 程序化与可能性

它指的是被辅导者做某项工作时，是倾向于以新的方式来做这件事情，还是遵循原来既定的流程方式。

程序化型的人相信有正确的做事方法，喜欢用经过验证的方式，很愿意做重复的任务，一般不喜欢被打扰。他们喜欢有计划、安排好的行动方案，对已知的能够提供支持的事物感兴趣，喜欢寻找可用的、安全的、有效的、稳定的事物。说话时，他们喜欢引用真理，尊崇义务，喜欢用“第一、第二”“首先、其次”等词汇。

可能性型的人喜欢用新的方式完成工作，不信奉权威，反对遵循既定的程序做事，相信有更好的方法，喜欢创造性和多样化的工作。他们强调学习和成长，不因循守旧，推崇变革，愿意根据兴趣做新的尝试或新的计划。他们的关键词是“机会”“变革”“成长”“打破规则”“扩展”“替代”“可能”等。

5. 求同与求异

面对变化时，被辅导者有什么样的反应？是主动选择改变，还是不愿意做出改变？

求同型的人喜欢保持稳定，保持事物的原样或现有的节奏不变，不喜欢改变。变化会给这些人带来不安全感。他们在语言和身体上都有所反应，对他人的观点通常不会选择驳斥，而是附和、跟随和认同，让人感觉“我和你一样”。这样的人，在稳定组织里，会长期服务10年以上，甚至一辈子。他们的关键词是“和以前一样”“相同”“稳定”“不变”“一直都是”“先看看”等。

求异型的人寻求挑战，喜欢不断调整和变化状态，容易发现事物的不同之处。他们通常思想比较活跃，善于联想发散，喜欢新事物，享受新奇、有创意、好玩的人和事。他们会注意事情的发展变化过程，容易描述出变化、改造和变革的整个进程。他们的关键词是“变革”“危机”“机会”“转变”“不同”“改变”“独特”“创新”等。

6. 匹配与不匹配

它指的是听到某个观点时，被辅导者所持的态度，如是顺应还是挑战，是附和还是唱反调，由此可以看出他们对观点的总体态度。

匹配型的人，通常比较随和、温和、友好，当他人表达某个观点的时候，往往会附和、认同或支持。这样的人，面对和自己相似或不相似的人，都会做出相应的调整和适应，以保持彼此关系的顺畅。他们的关键词有“是的”“没错”“是这样的”“就是”“挺好的”“我也这样想”等。

不匹配型的人，也就是容易唱反调的人，对他人的观点一般不认同。他们往往有自己的观点、见解，和求异型的人很像，他们寻求观点的独特性，不愿意附和，往往喜欢标新立异。还有一种人，他们表面上或口头上表示认同对方，后面却总是有“但是”，这也是一种不匹配。他们的关键词有“不是这样的”“应该那样”“不对”“错误”“但是”“看看其他人的”“另一种更好”等。

7. 自我与他人

它指的是对话中被辅导者的注意力的关键点是在自我还是在他人身上，是只关注自己想要的，还是注重他人的情绪、感受或者评价。

自我型的人，通常活在自己的世界里，很少愿意流露出自己的真实情感，注重谈话的内容，不注重情绪感受。他们不关心别人的想法，只关注自己内心的感受，表达观点时，被打断后会表现出不耐烦或不开心，也不会关注对方有没有听清楚、明白，更不会问对方的理解和感受。他们的关键词是“我感觉”“我认为”“这说明了”等。

他人型的人，通常性格上更活泼和外向，喜欢和他人进行交流。他们享受交际带来的愉悦，善于用非语言的方式和他人建立连接和深度沟通。他们会留意他人的细节变化，并做出相应的回应，用实际行动给予他人支持。他们的关键词是“我来帮你”“需要帮助吗”等。

8. 人际与任务

它指的是工作偏好，如被辅导者是关注思想、情感、需求，是关注工作、任务、事情，还是关注系统、机制、流程等。

人际型的人，喜欢与人打交道，喜欢说话，表达自己，享受沟通过程，容易沉浸在对话之中。他们对人的思想和情感比较敏感，对方的变化会让他们感同身受。他们经常提到人的名字、职位，在他们心中人是最重要的。

任务型的人，喜欢工具、操作、创意，他们看重完成任务给自己带来的体验感，有兴趣的工作能让他们全情投入。他们享受工作成果带来的快乐，他们追求工作业绩带给自己的成就感，他们愿意自觉地给工作赋予意义。他们经常提到目标、绩效、结果、成果等，人只是过程中的“对象”而已。

还有一类人，他们更喜欢系统，关注过程与人之间的相互关系，对系统如何运作感兴趣，或者说他们更愿意将人和事整合在一起来考虑。

9. 思考与感觉

它指的是在压力面前，被辅导者的情绪反应，如是倾向于逻辑型的理性思考，还是有多种情绪感觉表达。

思考型的人，在压力面前没有明显的情绪反应，他们趋于理性认识，不会惊慌失措，还有可能帮助他人疏解安抚情绪。他们有清晰的工作思路，善于用逻辑推理来思考和认识事物，注重证据、数字、事实，尊崇“眼见为实、耳听为虚”，一切看数字、看结果。

感觉型的人，在压力面前容易有明显的情绪反应，甚至会过于激动。他们喜欢积极正向的情绪体验，喜欢跟着感觉走，不喜欢有压力的工作。他们会在行动中流露出情绪的迹象，讲话时的语音语调、身体姿势都会随着情绪的变化而明显变化。

还有一类人，面对压力的时候，一开始会有明显的情绪反应，但他们会自我调整情绪，使之回归到原来的平衡状态。他们使用的语言可以是理性的，也可以是感性的，他们会在两端来回地自由切换。

值得说明的是，任何一个人都是综合体，没有完全的偏左或偏右，大部分人都处于中间区域，只不过是更偏向一方而已。所以，辅导者可以将后设程序作为快速认识被辅导者的工具，但不可将其定性为某某型的人，贴上某某型的标签。要从完整的生命体角度来认识和理解人，才可能收获更好的辅导效果。

ORIID五大计划性问题复盘

ORIID是人的大脑思考问题的自然框架，应用十分广泛。基于此原理的五大计划性问题，组成了辅导中较为常用的发问框架，也可以作为本书每一章回顾复盘和提炼总结的方法。

回顾一下，从这一章中你的主要收获有哪些？请用ORIID五大计划性问题对本章的内容进行结构化的提炼总结（见图5-1）。

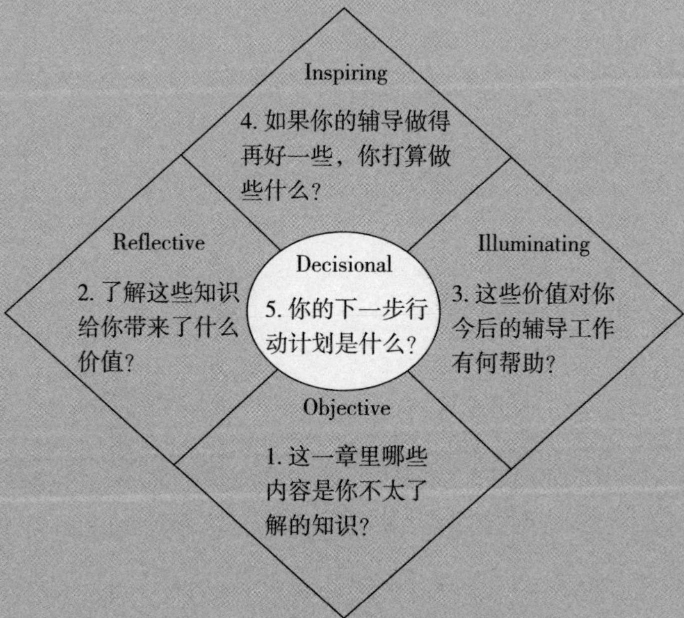

图5-1　ORIID五大计划性问题

本章小结

如果把辅导的神经科学基础比作操作系统的话，后设程序就如同电脑中的应用软件程序，在后台始终运行着。本章提供了辅导场景下常用的9种后设程序，能够帮助辅导者快速判断被辅导者的模式特征和行为倾向，以此更好地认识对方，从而增强辅导的针对性。

第六章　辅导风格与学习风格

辅导他人学习成长是一项要求很高的工作，需要辅导者采取合适策略，实现辅导双方和组织期望的共同成果。一直以来，很多辅导者习惯于“凭直觉”开展辅导，把自己喜欢的风格带到辅导场景之中，却忽视了被辅导者的学习风格。殊不知辅导的目的在于促进被辅导者的成长，而不是显示辅导者传递的信息有多“高大上”。当前，这种传统的辅导方式，已经受到严峻挑战。辅导者需要树立以被辅导者为中心的理念，把被辅导者放在辅导关系的首位，采取适合被辅导者各种需求的辅导风格，满足他们学习成长的需求。

一、自知者明：认识你的辅导风格

1. 什么是辅导风格

心理学研究表明，每个人都有自己偏爱的辅导风格，这种风格几乎贯穿人的一生。认知、探讨并领会风格特征及其优劣势，进而协助被辅导者获取知识、改变行为的过程，无不与人的自然倾向相关。加拿大CRG咨询资源集团国际公司[①]的研究显示，有四种主要的风格维度可以用来描述人的行为。理解这四种风格维度，将得到有价值的见解，理解辅导风格如何影响辅导行为、

---

① CRG咨询资源集团国际公司是从事人类发展以及出版业务的加拿大公司，其使命是让个人、团队以及组织通过学习和使用其精心设计的工具，完整地了解自己的人际、思维、情绪、身体、财务以及精神方面的目标和潜力。它的目标是成为全球认可的一流资源中心，为个体以及专业人士的个人及职业发展服务。它通过培训课程，组织了内部和外部的顾问、教练、培训师、演说者、辅导员、教育者以及HR（人力资源）专业人士，已有100多种资源被世界500强公司的HR和培训部门用于企业高级管理人员和员工的发展和培训，这些资源同时也被职业中心、中小企业主、教育机构、家长以及学生等使用。

辅导选择和辅导成果。

简单来说，辅导风格就是在辅导场景下，呈现、展开以及处理信息时辅导者的自然偏好。辅导风格由一系列复杂的行为和态度构成，这些行为和态度强烈地影响着辅导者处理信息的方式，而这些信息处理方式反过来又会使其产生特定的辅导方式。从最纯粹的意义上说，辅导风格并无对错，只是偏好。

2. 了解辅导风格的四个维度

我们都习惯于以自己的方式看待世界，每个人都以自己独特的方式和风格来认知、探讨周围环境，并且与之互动。当遇到值得注意的事物，人们决定采取的行动方式，均受到自然偏好和辅导风格的影响。每个被辅导者都是独特的个体，辅导者需要了解并理解辅导风格，同时了解被辅导者的学习风格。CRG咨询资源集团国际公司将辅导风格分为下面四个维度。

（1）动作维度（B型）。

主要辅导风格偏好：独立。

通过自我导向的活动能够取得最好的学习效果。

关键词：独自学习、尝试错误、自我发现等。

作为一名辅导者，更喜欢：

□ 充满事实的演示或演讲，自我导向的学习活动；

□ 被辅导者按照自己的节奏学习和做课外活动；

□ 现实的问题和答案被辅导者自己领悟；

□ 直截了当、开门见山地演示个人学习任务；

□ 课后自己在家考试，有效率的学习者。

作为一名辅导者，不喜欢：

□ 多话的被辅导者；

□ 在小组作业上浪费时间；

☐ 教导被辅导者如何学习；

☐ 不按时开始和完成作业的被辅导者。

（2）认知维度（C型）。

主要辅导风格偏好：视觉。

通过眼睛来学习能够获得最佳效果。

关键词：观看、阅读、把想法写下来、通过直观模型学习概念等。

作为一名辅导者，更喜欢：

☐ 清晰的图表、图形和图解，阅读书籍和杂志；

☐ 促进学习的视频、幻灯片；

☐ 实证分析数字、统计信息和其他数据；

☐ 给被辅导者反复指导；

☐ 知识测试；

☐ 非常有条理的学习者。

作为一名辅导者，不喜欢：

☐ 杂乱无序地演示；

☐ 不按要求去做的学习者；

☐ 想轻易获得分数的学习者；

☐ 迟到的学习者。

（3）人际维度（I型）。

主要辅导风格偏好：听觉。

通过耳朵来学习能够取得最佳的效果。

关键词：倾听、听取、讲座、演示等。

作为一名辅导者，更喜欢：

☐ 容易跟进学习的知识讲解；

☐ 听取学习者的想法；

☐ 简短、实用的问题和答案；

☐ 提出的改进建议简洁明了；

☐ 在考试中使用笔记。

作为一名辅导者，不喜欢：

☐ 声音响亮而进取心不强的学习者；

☐ 批评学习者。

（4）感性维度（A型）。

主要辅导风格偏好：体验。

通过亲身体验学习能够取得最佳的效果。

关键词：幽默、活动、接触、小组讨论、讲故事等。

作为一名辅导者，更喜欢：

☐ 以有趣的故事表明看法；

☐ 自发进行学习活动；

☐ 创造性的问题和答案；

☐ 在说话和演讲时，有机会走动并动手实践；

☐ 与其他指导者共同指导。

作为一名辅导者，不喜欢：

☐ 乏味的讲座；

☐ 演示无趣的学习活动；

☐ 常规的学习方法；

☐ 挑战每个细节的学习者。

辅导风格仅仅是一个指标，而不是一项测验结果。明确辅导风格的目的是提供一种通用的语言，帮助辅导者在有关辅导和学习风格等重要问题上，了解自身并与他人进行沟通。

二、知人者智：快速判断对方的学习偏好

CRG咨询资源集团国际公司的研究显示，人们偏好的学习方式概括起来

也可以描述为动作、认知、人际、感性四种风格维度。从总体上看，每个人的模式都是独特的，区别于其他人的。深入了解学习四个风格维度，有助于辅导者体会其他人的风格特征。之后，辅导者可以利用这些知识，转换自己的辅导风格，使辅导更加高效，并建立可信度，提高被辅导者的学习效果。

1. 了解学习风格的四种维度

（1）动作维度（B型）。

学习偏好：行动（独立学习者）。

主要学习风格倾向：通过自我指导学习得最好。

关键词：独立工作、尝试错误、自我发现等。

偏好：

☐ 充满事实的演示；

☐ 自我指导的学习活动；

☐ 按照自己的步骤学习；

☐ 课外活动；

☐ 现实的问题和答案；

☐ 自我发现信息；

☐ 直接、要点式的演示；

☐ 带回家考试；

☐ 有条理的辅导者。

不喜欢：

☐ 说得太多的辅导者；

☐ 浪费时间的辅导者；

☐ 团队任务；

☐ 指导如何做细节的辅导；

☐ 不按时开始的辅导者。

（2）认知维度（C型）。

学习偏好：分析（视觉学习者）。

主要学习风格倾向：通过视觉学习达到最佳效果。

关键词：观看、阅读、写下观点、看到概念等。

偏好：

□ 清楚的表格和图；

□ 阅读相关题材的资料；

□ 如何做和何时做的特别指南；

□ 团队讨论；

□ 逻辑性问题和答案；

□ 向指导者寻求帮助的机会；

□ 如何做事情的辅导；

□ 从课本中学习；

□ 多项选择题考试；

□ 很有条理的辅导者。

不喜欢：

□ 创造性实验；

□ 杂乱的演示；

□ 仅有一次机会看到信息；

□ 对分数预期较低的学习同伴；

□ 迟到的辅导者。

（3）人际维度（I型）。

学习偏好：和谐（听觉学习者）。

主要学习风格倾向：通过听觉学习达到最佳效果。

关键词：收听、聆听、演讲等。

偏好：

☐ 解释明白；

☐ 听到信息的机会；

☐ 稳定的工作节奏；

☐ 讲座式的辅导者；

☐ 实践性问题和答案；

☐ 向其他学习者寻求帮助的机会；

☐ 清晰、简洁的说明；

☐ 凭借复习摘要准备考试；

☐ 学习过程中加一些音乐；

☐ 填空题。

不喜欢：

☐ 强势的辅导者；

☐ 在团队面前演示；

☐ 批评学习者的辅导者；

☐ 不关心学习者的辅导者；

☐ 评分不公正的辅导者。

（4）感性维度（A型）。

学习偏好：表达（体验学习者）。

主要学习风格倾向：通过亲身体验学习效果最好。

关键词：幽默、活动、触摸、分组讨论、讲故事等。

偏好：

☐ 娱乐性的故事 ；

☐ 认识其他人的机会；

☐ 多种选择答案的活动；

☐ 团队活动和任务；

☐ 创造性的问题和答案；

☐ 亲手实践的经验；

☐ 艺术和体育活动；

☐ 面对团队和观众的演示。

不喜欢：

☐ 枯燥的演讲；

☐ 无趣的学习活动；

☐ 学习的固定套路；

☐ 独自工作的项目；

☐ 对迟交的任务缺乏沟通。

2. 快速判断学习风格

快速判断出被辅导者的学习风格至关重要，这涉及辅导者的辅导风格的调整策略。除了上文提供的方法外，辅导者也可以从以下三个维度，快速判断出被辅导者的学习风格。

（1）内向型和外向型。

内向型特征：

不喜欢主动与人交往，话语不多，容易害羞，好沉思、善内省，分析能力较强，讲究规则性，需要花时间思考再决策，愿意跟进，不太容易适应经常变化的环境。

外向型特征：

爱社交，活跃，开朗，自信，勇于进取，爱冒险，引领他人而不是跟进，对周围一切事物都很感兴趣，容易适应环境的变化。

（2）言语型和非言语型。

言语型特征：

习惯用语言、文字，富有情绪地表达思想和观点，能影响他人。压力状态下，他们倾向于多说并且语速偏快。在外人眼里，他们说得比实际做得多。

非言语型特征：

习惯个人思考，喜欢用实际行动表达思想和观点。在压力状态下，他们会以行动和实践完成目标。他们评判人的标准是做了什么，而不是说了什么。

（3）人际型和任务型。

人际型：

在他们眼里，人的感受和人际关系才是第一位的，事情是次要的。他们对人的敏感度优于事。他们是偏右脑思维型的感性者和创新者。

任务型：

他们的口头语是“对事不对人”。他们关注做了什么，如何完成的，不太关注谁来做或为什么要做。他们偏左脑思维型、逻辑性和策略性思维。

辅导者通过几次的接触、观察和对话，就可以对被辅导者有初步的判断（见图6–1）。比如，通过了解，基本判定某被辅导者是外向型（风格可能是B或A）、非言语型（风格可能是B或I）、任务型（风格可能是B或C）。发现该被辅导者的三种风格维度中B最多，说明学习风格更倾向于B型特点，则该被辅导者具备B型学习风格特征，如图6–2所示。

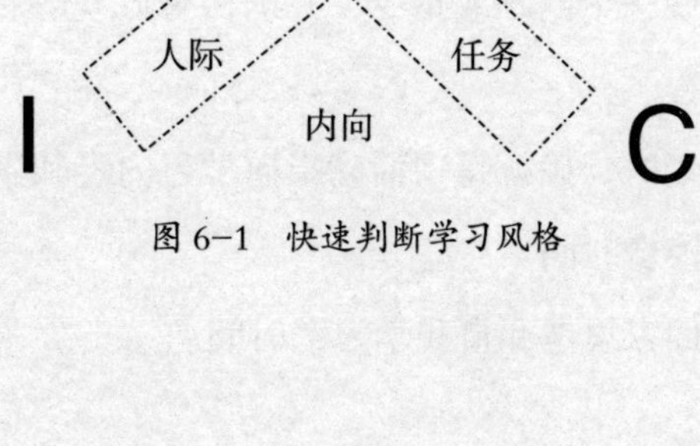

图6–1　快速判断学习风格

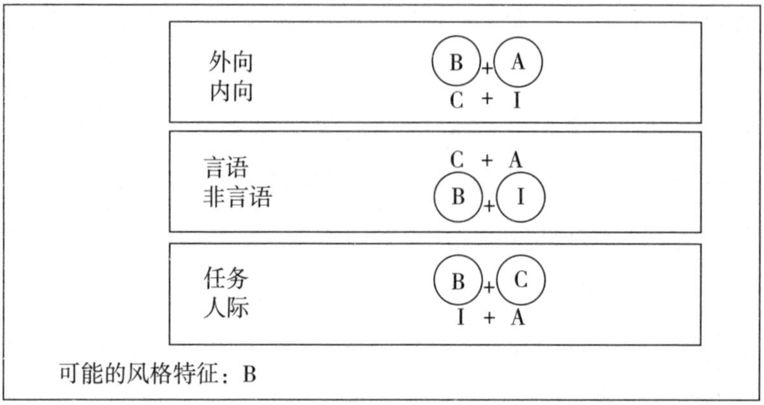

图 6-2　该被辅导者具备 B 型学习风格特征

三、因材施教：针对不同学习风格调整辅导策略

建立信任的辅导关系，在于知己知彼、相互匹配。辅导者对自我的辅导风格特征有了清晰认知，对被辅导者的学习风格也有了准确的判断，接下来就需要确定调整策略，使得自己的辅导风格与被辅导者的学习风格更加匹配，达到同频共振的效果。这里，要体现以被辅导者为中心的理念，主动调整、因材施教，才能最大限度地达成辅导目的。

1. 针对 B 型被辅导者的辅导策略

- ☐ 运用大量的事实、数据和生活实例讲解，不要只讲观点，讲解要简短，不要啰唆，直接说重点。
- ☐ 短时间内说明一个问题或指令，并确认对方理解后，不要过多干涉他们学习的进程。
- ☐ 设计教学活动时，确认每项活动指向学习内容和学习目标，否则被辅导者会认为浪费时间。
- ☐ 给被辅导者回家思考和自我学习的时间。

☐ 设计一些一对一的活动，效果更佳。

☐ 说明辅导内容时，逻辑要清楚，易于理解，使用结构化图形、思维导图、图示法来说明复杂的问题。

☐ 做好自己的时间管理，在规定的时间内完成既定的任务，否则被辅导者会认为浪费时间。

案例

在我和徒弟共同制订学习方案及实施辅导的过程中，我充分借鉴了“导师辅导技能提升项目”中学习的BCIA风格测评技巧，通过观察判断出徒弟属于B型（动作维度）的独立学习者。B型学习者偏爱充满事实的、直接的、直击要点的演示，能自我指导学习活动，按照自己的步骤学习，他们需要有条理的辅导者，不太喜欢说得太多的、浪费时间的辅导者。因此，在辅导过程中，我尽量避免啰唆、烦琐说教，而是直接告诉她要完成的工作目标，充分发挥她以结果为导向、独立的特性。同时制订出完备的学习资料和操作手册，告诉她完成工作需要取得哪些数据、从哪里取得数据、如何开展数据分析、分析的具体步骤、如何列出问题和差异、如何解决差异、如何避免下次出现类似的问题等，并一一列出操作清单，再按照导师辅助四部曲（计划—辅导—检查—行动）的步骤，通过不断提问、启发，让她乐于面对新的问题和难点，接受工作的挑战，不断在工作中找到乐趣。

2. 针对C型被辅导者的辅导策略

☐ 提供清晰的表格、图示、图标等材料。

☐ 正式辅导前后，布置一些可供阅读的图书。

☐ 提供清晰、明确的活动说明和指导说明清单。

☐ 设计一些小组讨论的环节，但要提供清晰的小组讨论指南。

☐ 无论是在岗辅导还是授课，传递的内容逻辑性强，有理有据。

☐ 提供的内容事实与数据关联性强。

☐ 设计的教学活动指令以多种方式呈现。

☐ 实施辅导时，教具要多样化，并且每个教具的使用说明要清晰。

☐ 辅导的内容和时间分配要合理，准时完成辅导任务，不拖沓。

案例

我的下属求知欲极强，目标感和策略性思维明显，但是偏内向。我借鉴了BCIA学习风格测评技巧，通过观察判断出该下属属于C型（认知维度）的视觉学习者。C型学习者偏爱清晰的表格和图表，能阅读相关题材直接获取信息，也喜欢向辅导者寻求具体的帮助，并且能从团队讨论中获得新启示。我作为B型（动作维度）的辅导者，偏爱有事实依据的演示和基于现实的答案，在这一点上和C型学习者非常契合。因此，在辅导过程中，我尽量用图表和清晰、逻辑性强的资料给他进行演示和讲解，手把手教他，避免下次出现类似的问题，并试图跟进一段时间内他的推进情况。即使是我分享个人的真实经历时，我也努力跳出感性和故事性的风格，而是使用过往的数据，摆事实，让他备受鼓舞、对未来充满高昂的斗志。

3. 针对I型被辅导者的辅导策略

☐ 通过彩图、贴纸、音乐等，营造相对轻松的学习环境。

☐ 提供一些录像、故事等视听说功能辅助材料。

☐ 辅导时尽量不要在非常严肃的办公室内，可以选择相对放松的非办公地点。

☐ 辅导者的态度要和缓，说话要富有节奏，不要太快。

☐ 提供有事实依据的故事和案例。

☐ 组织小组活动，并清晰简洁地解释活动。

☐ 安排在小组内分享各自的经验和观点。

☐ 不要在公开场合批评被辅导者，对他们有耐心。

☐ 尽量少创造竞争性的活动。

☐ 如果有评分环节，注意评分的公正性。

案例

我运用培训中学习到的辅导技术，通过观察、交流等方式，判断出小招属于I型（人际维度）的学员。I型学员偏爱明确的解释，稳定的工作节奏，实践性的问题和答案，清晰、简洁的说明等，不喜欢强势的、评分不公平的、不关心被辅导者的、批评被辅导者的辅导者，也不喜欢在团队面前的演示。我是C型（分析维度）的辅导者，在辅导的过程中，我尽量利用彩图、贴纸等营造相对轻松的学习环境，提供一些录像、故事等视听说功能教学辅助工具，尽量不在严肃的场地进行辅导，辅导时态度和缓，说话富有节奏，提供有事实依据的故事和案例，不在公开的场合批评他，对他有耐心地进行辅导，尽量少地创造竞争性的活动。通过教导式和教练式相结合的辅导方式，直接告知、演示检查，运用提问、倾听、反馈等方法，让他在面对新的问题和难点时，能接受挑战，找到问题的解决方式，尽快地胜任工作。

4. 针对A型被辅导者的辅导策略

☐ 以体验式教学为主，让被辅导者有参与的机会。

☐ 用幽默、风趣的语言解释深刻的道理。

☐ 以小组活动为主，不断尝试变换不同的小组组合，让更多人能互相学习。

☐ 设计以团队任务为主的活动，让每个人有讨论、抒发自己观点的机会。

☐ 创造亲自动手的学习活动。

☐ 辅导环节的设计不要太僵化，要备选几个可能随时调整的活动。

☐ 实施辅导时，提供被辅导者自我演示和演说的机会。

□ 整个辅导过程和互动设计要多样化。

□ 多搭建讲故事、角色扮演、画图等创造性的活动。

案例

临近年底“开门红”，各项任务指标有增无减，“开门红”能否打好直接影响下一年考核。对于目前业务相对生疏的徒弟来说，形势非常严峻，如果未能在“开门红”之前熟悉各项业务，那等于直接输在起跑线上，这对斗志昂扬的徒弟来说是绝对不允许的。为了以最快的速度达成我和徒弟的共同目标，我们必须与时间赛跑，以最高的效率进行辅导和学习。我必须首先清楚了解我的辅导风格和徒弟的学习风格，再为徒弟量身定制辅导方案。通过培训中的BCIA风格测评技巧分析，我发现我的风格更偏I型（人际维度），注重和谐，力求与人为善，一切从实际出发，比较通情达理。徒弟的性格是活泼外向的，我通过平时的交流、观察判断出他属于A型（感性维度）的体验学习者，在学习中喜欢幽默、风趣的辅导风格，动手能力强，喜欢表达，倾向活跃的学习气氛。在之前的测评中，我的感性维度（A型）得分仅比人际维度（I型）低1分，所以徒弟的风格和我也是较为相似的。在辅导过程中我尽量多用教练式的辅导方式，以体验式的教学为主，多运用讲故事、角色扮演等创造性的方式来辅导，让徒弟在学习中有更多的机会抒发自己的观点。除了按辅导计划安排相应的理论学习外，更多的时间我们会通过对话演练的方式进行学习，气氛更活泼，同时徒弟对知识点的掌握更加牢固。我定期也会和他探讨工作中遇到的问题，当然，我也会选择比较轻松的探讨环境，例如餐厅、咖啡厅等。而且我会做个好的聆听者，了解清楚情况后再和他一起分析问题。他由于认真、积极，在近期工作中取得了很大进步，我也邀请他为其他人分享经验，多为他提供自我演示、演说的机会。

ORIID五大计划性问题复盘

ORIID是人的大脑思考问题的自然框架，应用十分广泛。基于此原理的五大计划性问题，组成了辅导中较为常用的发问框架，也可以作为本书每一章回顾复盘和提炼总结的方法。

回顾一下，从这一章中你的主要收获有哪些？请用ORIID五大计划性问题对本章的内容进行结构化的提炼总结（见图6-3）。

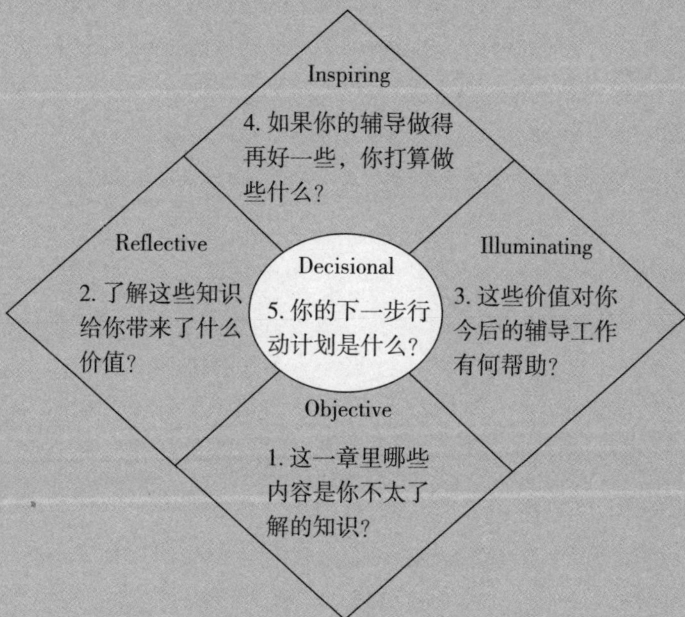

图6-3 ORIID五大计划性问题

本章小结

风格相对于后设程序模式和神经科学原理更为表象，大都是处于“冰山之上”的可见部分，类似于电脑上的“桌面”“颜色”“背景”“图标”等。BCIA四种辅导风格特征能够帮助辅导者认清自我，三个维度工具能够让辅导者快速判断被辅导者的大致学习风格，并以此做出相应的风格调整，从而更好地完成辅导。

第三部分

意义与沟通

毋代马走，使尽其力；毋代鸟飞，使弊其羽翼。

——管子

第七章　辅导场景与沟通策略

一、辅导需要沟通

沟通是辅导活动的主要途径，高质量的沟通可以让辅导更加高效，赋予内容更多的意义，达到预期的辅导目的。为揭示不同沟通情境下人们的心理特征和行为表现，美国心理学家乔瑟夫·勒夫和哈里·英格拉姆提出了一种沟通策略模型——乔哈里窗。乔哈里窗根据沟通者和被沟通者的信息交流过程，形成了四个象限和区域（见图 7–1）。

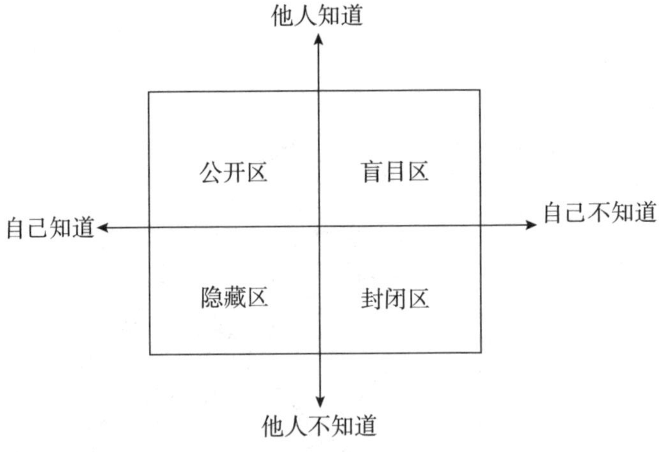

图 7–1　乔哈里窗沟通模型

公开区，这个区域是自己和他人都知道的区域，比如公司的组织架构，某个新闻事件的前因后果，某个物品的性质特征等。

盲目区，指自己不知道而他人却比较了解的区域，比如一个人的自我外在形象、处世的方式、他人的评价等。

隐藏区，指的是自己知道但他人不知道的区域，如个人的隐私、内在情感的变动等。

封闭区，这个区域，对沟通双方来说都是未知的，自己和他人都不知道，如信息黑洞一般，但对其他区域可能会产生潜在影响。

这四个区域并不处于静止的恒定状态，而是在语言和非语言沟通中进行着动态变化。辅导具有目的性，你知我知的公开区并不是辅导的主要关注点，尽管这个区域是信息沟通交流的主要区域。辅导是帮助被辅导者从“不知道”到“知道”，以此获得成长和发展，那就需要不断缩小被辅导者的隐藏区，打开封闭区，使得公开区的版图越来越大（见图7–2）。

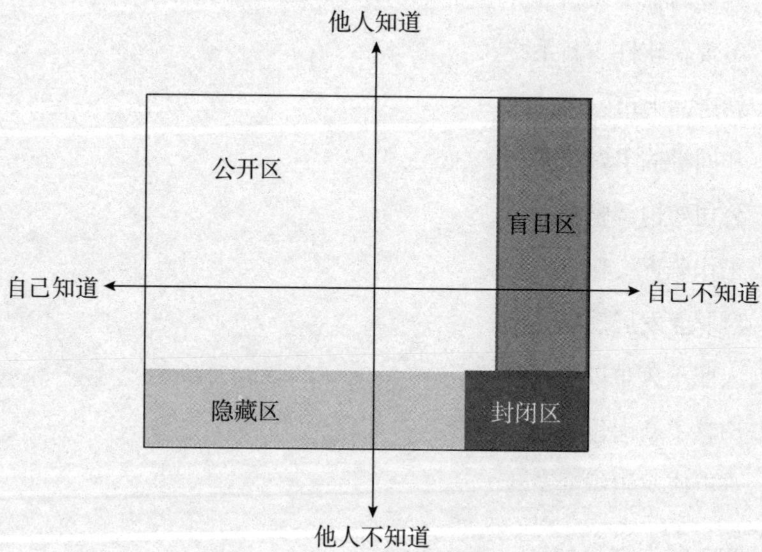

图7–2　乔哈里窗沟通模型的动态变化

值得注意的是，在辅导中可能会遇到辅导者自己不知道、被辅导者知道的部分，即盲目区，这个时候辅导者需要“不耻下问”，谦虚地表达自己，因为辅导者的态度决定了辅导的质量。比如，新入职的员工思维活跃，知道很多新奇的时尚词汇、网络游戏、工具软件等，而辅导者并不一定熟悉和了解。

由此我们不难看出，辅导的过程就是不断揭示隐藏区、开启封闭区的过程，就是通过沟通使得信息得以动态流动的过程。所以，正确选择沟通的策略和方式，是辅导的重要技术之一。

二、辅导场景与应对策略

在线下工作坊中，我们经常收到来自辅导者的现场反馈，下面列举了很多真实的辅导场景：

☐ 遇到心理困惑；

☐ 专业内容不懂；

☐ 出现新软件、新系统；

☐ 新产品上市；

☐ 和同事搞不好关系；

☐ 公司架构调整；

☐ 工作职责变化；

☐ 对职业发展感到迷茫；

☐ 入职不久难以融入；

☐ 调整了新岗位；

☐ 难以应对组织变革；

☐ 领导力不足；

☐ 面临重大挑战；

……

当我们对这些辅导场景进行分析时，不难发现，被辅导者遇到的问题是有规律可循的。

1.两类性质问题

通常，问题贯穿每个人的生命，辅导关系的出现也是因被辅导者遇到了问题。美国知名教学设计专家乔纳森将问题分为两大类：良构问题和病构

（劣构）问题。

（1）良构问题。

这类问题，往往解决方案很明确，措施和答案不受情境和环境的变化而变化，具有如下特点：

□ 问题是为直接揭示科学概念而人为设计的；

□ 对问题界定了限制条件，提供了解决问题的规则和原理；

□ 提供了解决问题的明确方法和步骤；

□ 答案通常唯一、标准、正确。

比如，被辅导者对公司规章制度、业务流程、操作步骤不熟悉，辅导者可以让其学习制度文本、落实SOP（标准作业程序）标准，并监督和考核其学习掌握情况等。

（2）病构问题。

人们所处的情境不同，处理的方式不同；或者是不同的人，可以有不同的处理方式，这类问题并没有明确的标准答案，具有如下特点：

□ 问题来源于日常生活或是对真实场景的模拟；

□ 对问题缺乏明确的界定，问题的构成存在不可知的部分；

□ 难以确定哪些规则和原理是解决问题所必需的；

□ 难以确定解决问题的方法和步骤，需要通过尝试不同的解决方案去寻找最佳的解决办法；

□ 没有标准答案，不知道正确与否，没有最优，只有相对合适。

比如，被辅导者遇到人际关系的困惑，虽然有一些处理原则，但不同的情境下处理的方式不同，辅导者很难说怎么做就一定会最好。

事实上，被辅导者遇到的几乎所有问题和困惑，我们都可以按照这个逻辑进行分类。这种分类方法对辅导而言意义重大，因为针对不同性质类型的问题，辅导策略会大相径庭，如果用错辅导策略，将会适得其反、毫无效果。

现实中，我们会经常发现判断错问题类型、用错辅导策略的辅导者。比如，当员工前来请教职业发展时，一些善言健谈的辅导者往往侃侃而谈，讲述自己的成功故事，给员工指点迷津，直接告知其应该如何、先做什么再做什么等。但辅导对象的心智、能力、知识、企业背景、职场环境等方面的条件，都处于变化之中，很难有完全有效的发展路径。这个时候最好的辅导策略不是直接告诉被辅导者应该怎么做，而是提供有效的启发、鼓励、引导或创造觉察，使其自我发现、自我认知、自我决策。

2.两种辅导场景

辅导者需要因问题性质不同而采取不同的辅导策略。针对良构问题和病构问题，我们提出教导式辅导和教练式辅导两种不同的辅导场景。

（1）教导式辅导。

在这类场景下，被辅导者因为缺乏经验，提出的问题往往是有明确答案的，遇到的是有规范标准与流程的工作任务。与之匹配的辅导策略是直接告知、演示、检查及反馈，针对被辅导者当下需要学习的知识和技能进行规范化的指导。辅导的方式是有说给他听、做给他看，说给我听、做给我看等。

（2）教练式辅导。

这类辅导适用于被辅导者执行的任务没有明确的答案，不同场景下答案也可能不同的情况，被辅导者需要主动寻求多种解决方案。辅导者需要深入了解被辅导者内心真实的想法，有目的地提高其分析问题和解决问题的能力。教练式辅导的策略是针对被辅导者存在的问题，通过运用提问、倾听、反馈等教练沟通技术，持续跟进与探讨，最大限度地发掘被辅导者的潜能，鼓励他们主动发现问题，主动找出问题的解决方案。教练式辅导更多地坚持成果导向，是发展解决未来问题的潜能。辅导的流程主要包括开启辅导、澄清问题、启发心智、达成共识、确定行动等。

案例

从教导式辅导向教练式辅导的转变

在小金正式接手理财专员的工作之后，我会每两周定期对她的业绩进行跟踪留意，以便及时处理她所遇到的问题。在大约过了一个半月之后，我发现小金经常下班后都要加班1~2小时，继续给客户打电话，整理当天的工作日志。尽管如此，她的工作也没有太大的突破。在发现问题后，我决定正式和小金进行一次上岗后的深入沟通。

在沟通中我发现，小金对业务知识、产品熟悉度等“硬”技能掌握得非常好，但是在实际工作中，却没能在庞大的随访客户中提高效率，也没能很好地抓住客户的痛点。我突然意识到，自己在过去的辅导中，更多地呈现出单向的“纸上谈兵”的辅导模式：竭尽所能把我知道的情况告诉她，把所有的资料整理好打包给她。我开始反思：我有真正地观察小金如何接待客户并做出点评吗？我有好好地倾听她所面临的问题和她一起探讨解决吗？我有换位思考、共同沟通解决问题，从而让小金尽快适应她的新岗位吗？

带着这样的觉察和反思，我很快和小金进行了第二次面谈，让她提前将日常工作中遇到的实际问题做系统归纳梳理。按照我过去的辅导模式，我必定张口就是“小金你应该这样做”“你不应该那样做”。而这一次，我决定和小金来一场头脑风暴。在我的启发下，小金整理出了自己的工作时间表，规范了自己的时间安排，例如在某个时间段集中安排电访或面访，用零碎的时间梳理当天的面访记录、列好次日电访名单等。我们共同设计了一套资产配置的邀约话术和面访话术，还当即在网上购买了一些小礼品用以赠送前来参与资产配置检视的客户。在我们达成了共识、确立了具体的工作方案后，我明显感觉到小金重新充满了对工作的动力与激情。

在之后的两个月中，我每周都会密切关注小金的工作状态和产能情况，对其遇到的问题进行及时辅导。从后面小金的月度业绩看，她已经能够达成当初我们约定的销售目标，并且工作状态也一天比一天好。

辅导反思

我深刻地记得总行培训的第一天，周老师给我们讲的特洛伊的故事：比起成为一名mentor，我更应该成为徒弟的buddy（搭档）。除了单向式的言传身教，当徒弟遇到困难时，我更应该成为她的朋友，站在她的角度为她解决问题。希望我的徒弟能在专业的道路上走得越来越出色，能帮助更多客户做好财富管理和资产的保值增值。同时，也要感谢分行和小金给了我一次做导师的机会，让我能认清自己的不足，从而实现更好的发展！

三、教导式辅导流程

教导式辅导，是针对被辅导者提出的良构性质的问题，实施的辅导策略。因为解决此类问题，有明确的流程、标准和答案，辅导的程序相对结构化，主要按照“说给他听、做给他看，说给我听、做给我看”这几个步骤实施，具体需要做三个阶段的工作。

1.前期准备阶段

正式开始教导式辅导前，辅导者的准备影响着后续的辅导实施和辅导质量。首先，辅导者要说明本次辅导的目标，对接下来的辅导内容有明确的界定，与对方沟通并达成一致，使其成为被辅导者认可的共同目标。其次，辅导者需要说明达成目标的路径，接下来会如何实施辅导，采取什么样的方式进行辅导等，让被辅导者有整体的了解。最后，辅导者需要检查辅导中用到的工具、文本、材料、设备等资源，确保在实施辅导中能够立即找到用到。

2.“说给他听、做给他看”阶段

辅导者让对方坐在或站在适当的位置，讲解和演示各个部分，说给他听、做给他看，并强调操作要点和重要知识点，尤其要说明安全、质量、标准等要求。这个阶段，辅导者需要清晰、完整、耐心地进行指导，辅导的内容不要超出被辅导者的理解能力范围。

3.“说给我听、做给我看”阶段

这个阶段，先让被辅导者一边试做，一边说出主要步骤，讲解和演示各个部分，说明安全、质量及标准等要求，并进行适时总结。辅导者观察整个操作过程，鼓励被辅导者独立完成整套操作，适时地告诉被辅导者每个环节是否正确，及时提供补充信息和反馈，鼓励其多多训练。教导式辅导检查清单如表7–1所示。

表7–1 教导式辅导检查清单

步骤	检查项目
准备	□ 说明辅导目标 □ 说明如何进行辅导 □ 检查将用到的资源
说给他听	□ 让被辅导者坐在或站在适当的位置 □ 讲解和演示各个部分
做给他看	□ 说明安全、质量、标准等要求 □ 小结
说给我听	□ 要求被辅导者讲解和演示各个部分 □ 要求被辅导者说明安全、质量及标准等要求 □ 要求被辅导者总结 □ 观察被辅导者操作完成整个任务
做给我看	□ 要求被辅导者完成整套操作 □ 告知每个环节是否正确 □ 应要求提供训练 □ 提供补充信息 □ 填写单项任务记录表

案例

小思、小华和小馨是大学毕业直接进入财务系统的，从一开始就由我负责培养辅导。在财务专业人才考试中，三人考试成绩都名列前茅，进入财务一级专业人才梯队。第二年在原有基础上，三人再次晋级为财务二级专业人才，更是在总公司组织的财务专业优秀人才检查中，被点名表扬和肯定，抽调参与财务专业检查工作。他们的专业技能得到了财务专业人员的认可，他们工作的身影也经常出现在大家的周围。

回想我辅导的过程，我主要是在对照四步法的基础上，结合财务工作特点，总结出了“七步”工作法。

第一步，我做给你看，逻辑、步骤和细节展示。

第二步，你做给我看，看步骤、细节是否正确。

第三步，点评与反馈。

第四步，我再做给你看，逻辑加细节展示。

第五步，你再做给我看，看逻辑是否正确。

第六步，再点评。

第七步，你来做，我再看逻辑、步骤和细节是否正确。

经过两年多的共同努力，这三名学员不仅基本胜任了原有岗位工作，还在此基础上扩展、延伸了新的视野，他们的成长速度较我们原先设想的快了很多。

四、教练式辅导流程

教练式辅导是一个持续、双向的过程。辅导者通过与被辅导者共享知识与经验，最大限度地发掘他们的潜力并帮助他们实现预期的目标。辅导依赖于相互协作，并要求辅导者与被辅导者之间建立一种积极互助的情感纽带。教练式辅导主要包括五步，其辅导流程及策略与目的如表7–2所示。

表7-2　五步辅导流程及策略与目的

<table>
<tr><th>流程</th><th>策略与目的</th></tr>
<tr><td rowspan="2">开启辅导</td><td>策略
☐ 确定辅导的目的
☐ 强调重要性
☐ 关注情绪
☐ 鼓励与认可</td></tr>
<tr><td>目的
☐ 说明和确认辅导目的和议题
☐ 建立融洽关系，缓解被辅导者的焦虑情绪
☐ 为正式辅导创造信任关系</td></tr>
<tr><td rowspan="2">澄清问题</td><td>策略
☐ 开放式问题
☐ 同理心
☐ 仔细倾听
☐ 策略性提问</td></tr>
<tr><td>目的
☐ 澄清被辅导者面临的问题，理解其所处的处境
☐ 帮助被辅导者重新认识问题的本质，厘清自己的价值观</td></tr>
<tr><td rowspan="2">启发心智</td><td>策略
☐ 探寻式提问与引导
☐ 正向与建设性反馈
☐ 提供支持资源</td></tr>
<tr><td>目的
☐ 鼓励被辅导者尝试找出解决方法，给予试错的机会
☐ 给予额外支持，必要时群策群力</td></tr>
<tr><td rowspan="2">达成共识</td><td>策略
☐ 给予被辅导者演示和陈述方案的机会
☐ 给予及时的鼓励与认可
☐ 不断确认方案的可行性</td></tr>
<tr><td>目的
☐ 让被辅导者在练习或思考解决方案的过程中获得新知
☐ 给予及时的指导，并确认方案的可行性</td></tr>
</table>

续表

<table>
<tr><th>流程</th><th>策略与目的</th></tr>
<tr><td rowspan="2">确定行动</td><td>策略
□ 再次给予鼓励、给予信心
□ 确认下一次辅导的时间和地点
□ 再次确认后续行动方案</td></tr>
<tr><td>目的
□ 通过不断认可和激励的方式，给予被辅导者信心
□ 回顾本次辅导的收益，并为下一步的提升确立改进计划</td></tr>
</table>

1.开启辅导

开启辅导是教练式辅导的第一步，是正式辅导前的准备和铺垫。考虑到辅导者面临的是病构性质的问题，这个环节显得更为重要，因为辅导双方准备越充分，后面的辅导才会越积极有效。这时，辅导者要始终围绕着建立融洽关系、缓解被辅导者焦虑情绪、达成辅导共识的思路，做好前期的准备工作。

辅导目的，是辅导的中心和牵引，也是对话的议题所在。无论此次辅导是谁发起的，辅导双方都需要明确目的、形成共识，因为基于辅导目的的内容和方式才是有意义的。如果是被辅导者发出了辅导请求，辅导者更需要通过认真倾听，界定清楚问题所在，判断问题性质，确定相应的辅导策略。

一般情况下，每次辅导都会有新的辅导内容和要求，开始之前辅导双方需要确认本次辅导的重要意义、预期收获和价值，被辅导者要从原有的状态中走出来，尽快进入新的真实辅导场景。

当然，仅有理性的目标牵引还不够，被辅导者的情绪调动同样重要。有效的学习都是建立在积极的情绪体验基础之上的，只有这样被辅导者的学习积极性才会被激发，参与度才会更高，辅导才会事半功倍。所以，辅导双方需要创建充分的信任关系，营造开放、安全的互动场域。辅导者要鼓励被辅导者敞开心扉，探寻解决问题的最佳方案。

鼓励和认可，是正面情绪调动的有效方式。如果是非正面的消极语言、抱怨、指责和批评，就会把开启的大脑之门关闭，即使后面强调的内容再重要，形式再多样，被辅导者的信息转化质量也会大打折扣。为此，正式辅导前，需要鼓励和认可被辅导者，发现他们身上的闪光点，肯定其做事过程中的可圈可点之处，使其带着正面的情绪参与接下来的辅导。

开启辅导的主要策略：

☐ 确定辅导的目的；

☐ 强调重要性；

☐ 关注情绪；

☐ 鼓励与认可。

主要目的：

☐ 说明和确认辅导目的和议题；

☐ 建立融洽关系，缓解被辅导者的焦虑情绪；

☐ 为正式辅导创造信任关系。

案例

小李：我真的有这么差吗？也许是我多虑了吧？我很想找您谈谈这件事。

张师傅：这样，两点前我有空，然后要开会，你看时间够吗？

小李：那太好了。这个房间应该没有人……

张师傅：你是不是想谈谈刚才你和幸福路营业厅店长之间的矛盾？

小李：是。

张师傅：确实是这样，我们需要好好讨论一下，避免以后出现同样的问题。这对你会有很大的帮助。

小李：肯定会有帮助，您在和店长沟通方面有很多经验，希望您能够帮我指点一下。

张师傅：其实你现在做得已经很好了，短短几个星期就适应了工作流程。

小李：谢谢！我觉得作为一个渠道经理，给门店做好支撑是最重要的，所以我就没多想，给营业厅及时提供了信息。可是没想到事与愿违，好心办坏事。

张师傅：对于一个新人来说，这是不容易做到的，能够认识到这一点，已经是非常大的进步了。

小李：我对自己很失望，以前在学校里，同学和老师对我的能力非常认可。但是现在……

感悟

从这个案例可以看出，此次辅导的背景和目的非常明确，背景是小李与店长沟通不畅引发了病构问题，而且小李是本次辅导的主动发起者。一开始，面对做错事情的小李，张师傅并没有指责和抱怨，而是关注其情绪，给予鼓励和认可，缓解小李的焦虑和压力，为共同探讨和解决问题提供情绪基础，也为接下来的辅导做好准备。

2.澄清问题

澄清问题是辅导的关键环节，没有全面正确掌握问题关键，就仓促地给出答案，是典型的错误辅导。这样的例子，在很多辅导者身上出现过，尤其是那些自以为是的辅导者，更容易犯这样的错误。

澄清问题的目的在于更好地理解被辅导者所处的环境，帮助他们重新认识问题的本质，厘清自己的价值观。基于对问题的澄清和理解，辅导双方再确定解决问题的具体方向和主要成果。澄清问题有以下几种策略。

（1）开放式问题。

如果被辅导者提出的是封闭式问题，他能得到的只有“是”或“不是”

的回答。那么在解答这个疑问之时，辅导者千万不能夹带着自己的主观判断，这样会阻碍辅导者获得更多的充分而准确的信息情报。这时，需要更多开放式的问题，引导被辅导者充分地描述问题背景，暴露隐含信息。辅导者应根据被辅导者描述的线索，运用沟通技巧，抽丝剥茧、去伪存真，以此掌握问题的关键和来龙去脉。

（2）同理心。

被辅导者在描述的时候，辅导者可以通过对视、点头等肢体语言肯定被辅导者的描述，让对方感觉到辅导者的关注和同理心，辅导者在思考和感受他们描述的故事情节。这样的好处在于，被辅导者会增加对辅导者的信任，愿意把更多的情况介绍给辅导者，并希望辅导者给出帮助和解答。

（3）积极倾听。

这是上一种同理心策略的行为延伸。在澄清提问时，可通过积极倾听与对方保持同步。要对被辅导者的话题保持真实的好奇，通过语言回应和肢体动作，表现出专注和投入，让被辅导者确实感受到辅导者在倾听。还可以与其保持眼神交流，在适当的时候微笑回应，也可以时不时地记笔记，但不要表现出坐立不安和其他注意力不集中的肢体动作，更不要打断叙述，除非是要澄清。

（4）策略性提问。

策略性提问表现出鲜明的目的性，目的在于对问题进行澄清，而不是激发被辅导者马上找到解决方案，给出具体建议。所以，为了真正地澄清问题，辅导者的提问既要让被辅导者充分地还原问题的真相，全面立体地了解实情，还要通过提问，让其认识到事物的本质，厘清价值观。

澄清问题的主要策略：

☐ 开放式问题；

☐ 同理心；

☐ 仔细倾听；

□ 策略性提问。

主要目的：

□ 澄清被辅导者面临的问题，理解其所处的处境；

□ 帮助被辅导者重新认识问题的本质，厘清自己的价值观。

案例

张师傅：刚才到底发生了什么？我好像看到你和王店长在争论。

小李：一周前，我去幸福路营业厅送海报，刚巧遇到王店长，我告诉他说本月中旬有新的手机上市，他就在厅内做了宣传和预约。可是后来才知道，那款手机应该是下个月中旬上市，而且我给他的手机参数也有几个是错误的，这引发了一些预约客户的投诉。

张师傅：原来如此。如果你是王店长，遇到这种情况你会怎么做？

小李：嗯……如果我是他的话，我也会很生气的，毕竟是我的消息不精准才给他带来了麻烦，造成了预约客户来投诉，还要求赔偿。即使有的客户没有投诉，他们的体验也不好。

张师傅：说得很对，每个人遇到这种情况都会生气的，假如我是王店长，我也一样。你在提供信息时，首先应该仔细研读公司最新的终端上市和销售政策。下一次遇到类似的情况，你会怎么说呢？

小李：嗯，那我首先要认真研读公司最新的终端上市和销售政策，再和代理商说。

张师傅：除了这个问题，你还有别的顾虑吗？

小李：其实还有一个问题，在加入公司之前，我觉得我们是大公司，作为给代理商提供支撑服务的渠道经理，代理商应该非常尊重我们。可是最近发生了好几次被代理商责备的事情，我有很大的心理落差。

张师傅：我很理解，每位员工刚进入公司都会有一段适应期，如果你掌握了专业知识，能够应对各方面的压力，你的工作会变得越来越顺利。

小李：嗯，也许吧。

感悟

小李和王店长发生争执，只是事情的表象，辅导者需要对背后的原因做全面的了解。张师傅通过对问题的澄清，可以初步判断出问题的特点、性质甚至本质，为更好地解决问题收集更多更全面的信息。同时，对话中张师傅也能够初步判断出小李的价值观：能够换位思考，站在王店长的角度认识自己存在的问题和不足。值得关注的是，通过策略性提问，张师傅进一步探索了小李在其他方面的顾虑，获得更多相关的隐含信息。

3. 启发心智

加里·科恩在《提问领导力》一书中提到，95%的下属更喜欢被提问，而不是被告知应该如何做。即便如此，我们的很多辅导者还是习惯于告知，因为告知相对容易，提问和引导需要一定的技巧。

启发心智时，需要的提问应该是探寻式的，由表及里、由浅入深、由易到难。对应到辅导中的提问技巧，就是灵活发起事实性、心态类、启发性、激励性和确认性问题。五类问题的提出，对被辅导者的冲击力是不同的。如果辅导者一开始就使用比较有深度的启发性问题，会让被辅导者感觉比较难，不知道如何回答，直接影响辅导的进程。关于五类问题的特点，我们会在后文中详细介绍。

由于问题类别对被辅导者的冲击影响程度不同、功能目的不同、使用时机不同，在启发心智时，需要按照循序渐进的原则，层层推进提问，到了冲击力最强的启发性问题后，引导被辅导者自己找到解决问题的方法。在此基础上，需要乘胜追击、巩固成果，进一步采用激励性或确认性问题加以引导，让被辅导者自我发现解决思路，并形成具体方案和行动计划。

这时，辅导者主要通过提问的方式推进整个辅导对话进程，被辅导者的回应可能会往理想的方向发展，也有可能会有偏离，达不到预期的效果，甚至出现一些不恰当或者错误的理解和认知。这个时候，辅导者需要适时给予直接引导和反馈。辅导者对被辅导者探索出来的创新性方法，应及时进行正向反馈，强化对方对该成果的认同，并采取更加落地的措施。对被辅导者提出的不妥建议，如果直接违背规则要求和操作规程，辅导者应直接给予纠正，指出不妥之处，引导其提出新的方案措施。

其实，在整个对话进程中，辅导者除了能够帮助被辅导者找到方案措施，还要提供相应资源，以支持达成共识的方案能够落地实施。辅导者在人际关系、专业、数据、线索等方面有一定的经验和积累，有义务为被辅导者提供相应的支持。因此，在启发心智的推进过程中，辅导者还要考虑如何利用自己现有的资源，帮助被辅导者将探索出来的方案落地。

启发心智的主要策略：

☐ 探寻式提问与引导；

☐ 正向与建设性反馈；

☐ 提供支持资源。

主要目的：

☐ 鼓励被辅导者尝试找出解决方法，给予试错的机会；

☐ 给予额外支持，必要时群策群力。

案例

张师傅：为了避免下次再遇到这种尴尬的状况，更好地给代理商提供服务，减少和代理商之间的矛盾，我们应该在哪些方面改进呢？我们有必要再深入探讨一下。

小李：那太好了！

张师傅：如何更好地给代理商提供服务呢？

小李：我认为应该这样，首先，多研究一下我们自己的产品和销售政策，其次，有不清楚的应该多问问身边的同事。

张师傅：那很好！

小李：最后，和代理商沟通的时候，不只是推送给他们最近的销售政策，同时应该学会询问代理商还有没有其他的需求，多问几个问题。

张师傅：这是一个好的开头，这点非常好。不过下次你去幸福路营业厅巡店，再遇到王店长时，你会怎么做呢？

小李：我会问他最近在手机销售上有没有遇到一些麻烦，同时我会把最新的销售政策讲给王店长和他的店员听，然后我会和王店长再次确认是否传达到位了。

张师傅：如果他说明白了，你就直接结束这次巡店吗？

小李：不，我会随机问几个销售政策中的内容，并且向他承诺当天发放销售的奖励……我可以这样做吗？

张师傅：我们不能给王店长和店员不确定的承诺，至少不能直接做出承诺，还是要与上级部门沟通，确认能否做到，如果可以，才可以说。

小李：是的，我记下了。

张师傅：还有件事，我想告诉你，你部门小周去年获得了"最佳新人奖"，她的业绩一直不错，她擅长与客户沟通，你可以问问她，遇到类似的问题会怎么办。

小李：她真的很优秀，那我尽快找她……我听说她也是名校毕业生，她怎么能在这个岗位上做了这么久还充满激情呢？我觉得不被代理商责备就已经不错了。

张师傅：你不知道吧，她刚进公司时也是我的学生，她也像你一样经历过困惑和迷茫。但是，她及时调整了心态，把每次与代理商的沟通当作一次成长的机会。你有没有发现，她负责的门店，销售业绩是同期最好的。

小李：是啊，其实我也需要好好调整一下……和您聊完，我心里舒服多了。

感悟

案例中张师傅连续提出了一系列问题，帮助小李探寻解决问题的方法，并采取追问的方式，更好地举一反三，解决将来可能遇到的新问题，使得原来的想法能够落地，并对可能出现的问题做好预案。张师傅发现被辅导者提出的措施有明显不合适的地方，给予了及时的反馈和纠正，给出建设性的意见。对可能遇到的困难，张师傅积极协调资源支持小李，提供向小周学习的线索，给予相应的资源支持。

4.达成共识

辅导双方协作探究出来的方案，无疑最容易达成共识，这是启发心智带来的重要成果，也是达成共识聚焦的内容。辅导者及时抓取被辅导者自我发现的解决方案线索，给予及时的鼓励与认可，让其有机会进行演示和陈述方案，辅导者对方案的内容进行适时指导，共同探讨方案的可行性。

探讨方案的可行性，是达成共识的重要议题。被辅导者提出的思路办法，未必是可行的，这个时候辅导者需要给予有力的指导。一方面要站在被辅导者的角度，分析其方案提出背后的思维逻辑；另一方面要从专家和专业的角度，与其一起展开讨论，分析利弊，论证优劣，对可能出现的问题和障碍，提供预见性的应对措施。

这个过程中，辅导者还能够判断出被辅导者的思维方式和知识结构，更充分地了解被辅导者的潜在特征和能力素质，有利于后续的培养和针对性辅导。

达成共识的主要策略：

□ 给予被辅导者演示和陈述方案的机会；

□ 给予及时的鼓励与认可；

□ 不断确认方案的可行性。

主要目的：

☐ 让被辅导者在练习或思考解决方案的过程中获得新知；

☐ 给予及时的指导，并确认方案的可行性。

案例

张师傅：我还有几分钟时间，我们再聊一下，为了避免下次再发生类似的情况，接下来你需要做怎样的准备呢？

小李：好的。我会与小周约个时间，听听她和代理商沟通时的一些经验，并听听她的建议。

张师傅：很好，除了向小周讨教经验之外，你计划如何提升你的专业知识？

小李：我要再熟悉一下公司的销售政策，多看看公司最新的产品介绍。

张师傅：除了自己多研究公司最新的销售政策外，我建议你可以多观察其他同事是如何服务门店和代理商的。同时，公司会不定期举行一些渠道经理能力提升的培训，你也可以参加。

小李：好的。这样下次再遇到类似的情况，我就有信心了。

张师傅：这样很好，但是了解门店和代理商的真实需求不是一朝一夕就能完成的。比如说，刚才的事情，如果你把公司的政策仔细看明白了，也就不会发生这样的事了。

小李：是啊，这方面我考虑得不是很周全，我觉得我需要多学习一下如何挖掘代理商的需求。

张师傅：这样很好，但是难免还会发生代理商不满意的事情，所以，你要做好心理准备，比如增强抗压性、学会自我调适、具备同理心等。

小李：是的，谢谢您！我会注意的。

张师傅：以后我们有机会就单独做个交流。小周曾经遇到的情况和你很相似，她也会告诉你经验。

小李：我今天就同她联系。

感悟

如果说启发心智是帮助被辅导者找到解决问题的措施和思路的话，在达成共识时，辅导者需要对每一个措施和思路进行确认，鼓励被辅导者对自己的思路展开陈述，梳理出具体可行的方法步骤。辅导者结合被辅导者提出的方法和可能遇到的困难，要给予相应的资源、线索和建议，支持他们把想法转化成落地可行的具体行动。

5.确定行动

解决方案需要有强烈的信心和动力去实施才最有效果。在这时，辅导者应该给予被辅导者精神上的鼓励和思想上的动员，引导被辅导者带着信心和热情投入行动中。辅导者还可以对本次辅导进行初步的回顾，梳理获得的收益，总结存在的不足，提出改进提升的计划，确认后续的行动方案。

同时，也要认识到，辅导是连续的过程，一项辅导任务结束，需要对下一次辅导进行约定。这时，辅导者需要对下次辅导的主题和内容进行安排，可以是计划性的，也可以根据上次辅导的情况临时调整，或者两者结合。这样做的好处是辅导者不仅可以提前准备辅导内容，同时可以指导被辅导者先行学习和探索，带着一定的认知和准备参与下次的辅导。除此之外，考虑到辅导者工作通常比较紧张，时间和地点也需要提前确定，双方应做好事先安排和规划。

确定行动的主要策略：

☐ 再次给予鼓励、给予信心；

☐ 确认下一次辅导的时间和地点；

☐ 再次确认后续行动方案。

主要目的：

☐ 通过不断认可和激励的方式，给予被辅导者信心；

☐ 回顾本次辅导的收益，并为下一步的提升确立改进计划。

案例

张师傅：你先熟悉一下公司最新的终端销售政策，然后我们再沟通，看看你的进展如何。

小李：好的，两周后的星期五怎么样？

张师傅：没问题，中午之前我有空。

小李：那就好，那我们九点见，可以吗？

张师傅：可以。时间差不多了，我要去开会了。

小李：真是太感谢您了，开会前抽时间给我辅导。

张师傅：我想你只要再熟悉一下最新的终端上市和销售政策，调整好心态，多听听小周的建议，就会大有进益。

小李：那肯定是！

张师傅：如果还有什么问题的话，你可以随时跟我联系，那我先走了。

小李：好！

感悟

一次辅导的结束，也是下次辅导的开始，辅导者需要具备持续性和项目化辅导的思想。一方面，张师傅对小李再次进行鼓励，增强其前行的信心；另一方面，约定下次辅导的具体时间和地点，这也是对小李完成确定的行动提出了时间要求，激励其完成接下来的任务。

综上可以看出，教练式辅导与教导式辅导有着很大的不同，一方面双方的信息交流是双向的，在互动中达成对事情的一致性看法，找到解决方案并形成共识，有利于后续行动计划的贯彻执行；另一方面它更关注被辅导者情绪的调动和动机的激发，在能量的起伏流动中使被辅导者收获成长，扩展认知边界和思维模式，影响也更加深远。

五、实施辅导四部曲

到目前为止，我们对“说给他听、做给他看，说给我听、做给我看”的教导式辅导流程，“开启辅导、澄清问题、启发心智、达成共识、确定行动”的教练式辅导，有了整体认识，确定了两种辅导场景。但在真实的辅导场景下，基于当时的问题情境，选择和确定辅导策略，推进辅导进程，都需要按照一定的方式来进行。为此，我们提出了计划、辅导、检查和行动四个步骤，即“实施辅导四部曲”，组织实施一次真实的辅导。辅导中的检查清单如表7–3所示。

表7–3　辅导中的检查清单

阶段	类别	项目
1. 计划	确定辅导日程	□ 确认辅导的时间 □ 选择合适的地点，如工作现场或工作现场附近办公地点 □ 确认辅导流程
	准备辅导资源	□ 标准操作文件 □ 生产技术规范 □ 工作指导书 □ 辅导期计划一览表 □ 单项辅导任务记录单 □ 相关设备、工具及材料
	提前浏览辅导材料	□ 回顾辅导目标 □ 思考本次要达到的目标 □ 温习辅导文件 □ 思考被辅导者提出的问题 □ 思考辅导的具体步骤 □ 演示将要辅导的内容 □ 思考如何启发被辅导者解决问题
2. 辅导	教导式辅导	□ 目的：通过辅导者直接告知、演示、检查及反馈等方式，针对被辅导者当下需要学习的知识和技能进行规范化的指导 □ 适用场景： 需要立即解决的问题 学徒缺乏先前经验 有规范标准与流程的工作任务等 □ 辅导流程：说给他听—做给他看—说给我听—做给我看

续表

阶段	类别	项目
2. 辅导	教练式辅导	□ 目的：针对被辅导者存在的问题，辅导者通过运用澄清、提问、激励、反馈等教练沟通技术，持续跟进与探讨，最大限度地发掘被辅导者的潜能，让他们主动发现问题并找出问题答案 □ 适用场景： 执行的任务没有唯一的答案，需要被辅导者主动寻求多种解决方式 有目的地培养被辅导者适应未来职业发展所需要的技能 阶段性面谈与辅导 辅导者想深入了解被辅导者对工作和生活内心想法 □ 辅导流程：开启辅导—澄清问题—启发心智—达成共识—确定行动
3. 检查	过程检查	□ 是否明确了本次辅导的目标 □ 是否回顾了辅导期的目标 □ 是否明确了被辅导者要学习的内容 □ 是否澄清了被辅导者面临的问题 □ 对于被辅导者的问题是否给予正向的反馈与激励，并提供帮助 □ 是否运用多种沟通方式激发被辅导者的发展意愿
	材料检查	□ 辅导者是否完成了单项任务辅导记录表 □ 被辅导者是否完成了单项任务辅导记录表 □ 是否双方签字或做好了信息系统登录准备
4. 行动	—	□ 是否确认了下一次的辅导时间、地点和目标 □ 是否为下一次辅导设定了行动方案 □ 如果没有完全解决问题，是否为被辅导者提供了支持资源 □ 如果没有完全解决问题，是否为被辅导者规划了行动方案

1. 计划

“凡事预则立，不预则废。”一次卓越辅导对话，绝不是从见到被辅导者之时才开始，而是在这之前有相应的计划和安排。计划时辅导者需要准备好相关资源，预览相关材料，做好时间上的投入，具体工作包括以下几点。

（1）确定辅导日程。

☐ 确认辅导的时间；

☐ 选择合适的地点，如工作现场或工作现场附近办公地点；

☐ 确认辅导流程。

（2）准备辅导资源。

☐ 标准操作文件；

☐ 生产技术规范 ；

☐ 工作指导书；

☐ 辅导期计划一览表；

☐ 单项辅导任务记录单；

☐ 相关设备、工具及材料。

（3）提前浏览辅导材料。

☐ 回顾辅导目标；

☐ 思考本次要达到的目标；

☐ 温习辅导文件；

☐ 思考被辅导者提出的问题；

☐ 思考辅导的具体步骤；

☐ 演示将要辅导的内容；

☐ 思考如何启发被辅导者解决问题。

2. 辅导

辅导者需要根据被辅导者提出的问题的性质，确定和选择是教导式辅导还是教练式辅导。良构型问题有确定的答案和标准，辅导者按照教导式辅导流程，运用讲解、演示、告知、反馈等方式，被辅导者即可学习掌握相关内容。病构型问题在不同的情境下被解决的方式方法也不同，辅导者需要按照教练式辅导流程，运用澄清、提问、激励、反馈以及借助相应的工具方法，引导被辅导者自我发现解决问题的方案。辅导策略的正确选择，是卓越辅导的前提。如果选择了错误的辅导策略，会直接导致辅导方向的偏差、辅导方式的扭曲，辅导目的就很难达成，与被辅导者的信任关系也因此会受到影响。因此，辅导策略的正确选择，显得异常重要，这里是辅导方向的分水岭，不可有偏差。

（1）教导式辅导。

目的是通过辅导者直接告知、演示、检查及反馈等方式，针对被辅导者当下需要学习的知识和技能进行规范化的指导。

适用场景：

□ 需要立即解决问题；

□ 学徒缺乏先前经验；

□ 有规范标准与流程的工作任务等。

辅导流程：

说给他听—做给他看—说给我听—做给我看。

（2）教练式辅导。

目的是针对被辅导者存在的问题，辅导者通过运用澄清、提问、激励、反馈等教练沟通技术，持续跟进与探讨，最大限度地发掘被辅导者的潜能，让他们主动发现问题并找出问题答案。

适用场景：

□ 执行的任务没有唯一的答案，需要被辅导者主动寻求多种解决方式；

□ 有目的地培养被辅导者适应未来职业发展所需要的技能；

□ 阶段性面谈与辅导；

□ 辅导者想深入了解被辅导者对工作和生活内心想法。

辅导流程：

开启辅导—澄清问题—启发心智—达成共识—确定行动。

3.检查

辅导中的检查工作贯穿整个辅导进程之中，而不只是发生在辅导对话之后。检查既要回顾整个辅导期的总目标，校验此次辅导在整个辅导项目中的位置，也要时刻同本次辅导的目标对照，观测有没有发生偏移，是否始终在正确的对话轨道上。辅导检查要以被辅导者为中心，确认沟通的是不是对方面临的真问题，解决这个真问题能让对方学习到什么内容，如何通过有效沟通帮助对方解决问题，并以此获得成长和发展。辅导结束后，还要对辅导记录、辅导信息等进行确定和登记，形成完整的辅导闭环。具体的工作至少应包括以下两点。

（1）过程检查。

□ 是否明确了本次辅导的目标；

□ 是否回顾了辅导期的目标；

□ 是否明确了被辅导者要学习的内容；

□ 是否澄清了被辅导者面临的问题；

□ 对于被辅导者的问题是否给予正向的反馈与激励，并提供帮助；

□ 是否运用多种沟通方式激发被辅导者的发展意愿。

（2）材料检查。

□ 辅导者是否完成了单项任务辅导记录表；

□ 被辅导者是否完成了单项任务辅导记录表；

□ 是否双方签字或做好了信息系统登录准备。

4.行动

辅导过程中，被辅导者未必能够掌握所有相关的学习内容，获得新的发现和觉察，但下一步的行动方案和计划是辅导的必然要求，这是辅导项目化操作的重要方式，可以连接下一次的辅导。这些连贯性的行动策略既包括达成共识的行动方案和计划，也包括辅导者给予的资源、信息、指导等保证行动方案有效落地的持续性支持。

应检查的具体内容包括：

☐ 是否确认了下一次的辅导时间、地点和目标；

☐ 是否为下一次辅导设定了行动方案；

☐ 如果没有完全解决问题，是否为被辅导者提供了支持资源；

☐ 如果没有完全解决问题，是否为被辅导者规划了行动方案。

辅导中，对整个对话过程的记录至关重要，它可以真实呈现被辅导者的具体表现，还原整个辅导过程，为全面了解和掌握被辅导者的成长变化提供依据。记录时，要养成随时记录的习惯，实事求是地记录原意，尤其是反映被辅导者变化的关键词，如价值观词汇、行为动词、解决方案等。尽量使用被辅导者自己的语句或词汇，不要用辅导者理解的词语来代替。辅导对话的重点应放在观察、聆听、提问、反馈以及对话的质量上，辅导观察表（见表7–4）只是帮助辅导者达成辅导目标的辅助工具，记录要点即可，不可长篇大论。

表7–4　辅导观察表

辅导主题	
辅导者姓名	
被辅导者姓名	
辅导者辅导过程	

续表

<table>
<tr><td rowspan="2">被辅导者表现</td><td>优点</td></tr>
<tr><td>不足</td></tr>
</table>

ORIID五大计划性问题复盘

ORIID是人的大脑思考问题的自然框架，应用十分广泛。基于此原理的五大计划性问题，组成了辅导中较为常用的发问框架，也可以作为本书每一章回顾复盘和提炼总结的方法。

回顾一下，从这一章中你的主要收获有哪些？请用ORIID五大计划性问题对本章的内容进行结构化的提炼总结（见图7–3）。

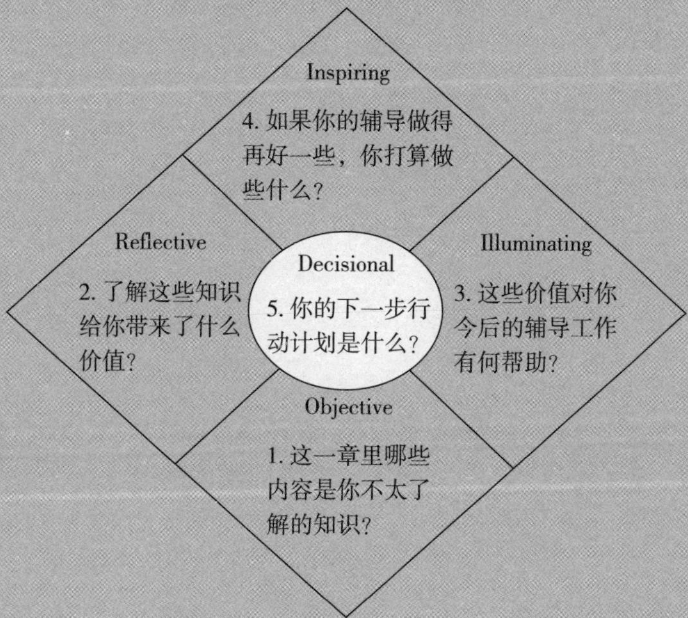

图7–3　ORIID五大计划性问题

本章小结

辅导以学习者为中心，针对被辅导者面临的良构和病构问题，相应地有教导式和教练式两种不同的辅导方式。教导式辅导采取“说给他听、做给他看，说给我听、做给我看”的流程，教练式辅导采取“开启辅导、澄清问题、启发心智、达成共识、确定行动”的流程。就整个辅导项目而言，需要采取计划、辅导、检查和行动四个步骤来推进。

第八章　辅导对话的沟通工具

辅导是通过对话与沟通一次次推进的。在了解辅导的主要流程之后，现在我们聚焦如何让沟通更有效，从而提升辅导实效。

如前文所言，本质上，辅导是动态的对话沟通系统，包含着辅导者与自己、与他人、与团队、与组织之间的关系，从而形成了角色与认知、信任与关系、意义与沟通、愿景与目标四个方面的逻辑框架。那么，从被辅导者的视角看，在对话沟通的系统中，也存在着被辅导者与自己、与他人、与工作、与组织之间的关系，所以被辅导者的困惑和问题也表现在角色与认知、信任与关系、意义与沟通、愿景与目标四个层面上。所以，被辅导者的困惑可以梳理为以下四大类（见图8–1）:

□ 角色不明；

□ 关系冲突；

□ 意义缺失；

□ 愿景混沌。

角色不明，指的是被辅导者与自己的关系不明确，不清楚如何认知自我、自己最看重什么、自己是什么样的人、自己想要的是什么、什么阻碍或支持着自己。被辅导者往往因为角色定位不明，产生诸如职责、角色、心理、情绪、发展等方面的困惑，从而引发内在冲突。

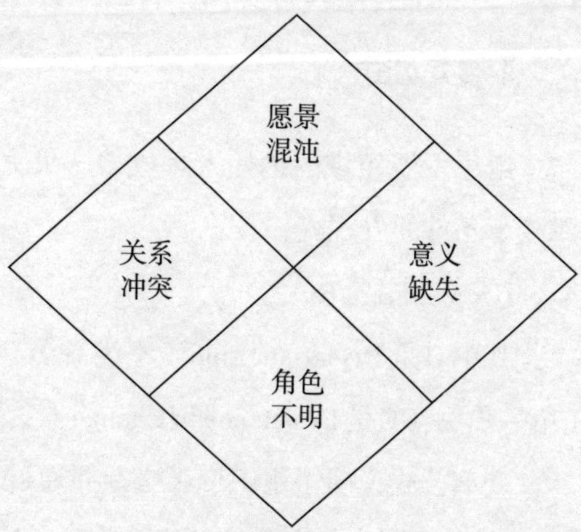

图 8–1　被辅导者的四大困惑

关系冲突，指的是被辅导者

与他人之间的关系冲突，如不知道如何与同事相处、如何做好向上管理、如何激励下属、如何与利益相关者处理好关系、如何保持和谐的人际网络等。被辅导者往往会因为关系冲突，产生焦虑、不安等消极情绪，从而影响他们的绩效表现和情绪稳定。

意义缺失，指的是被辅导者看不到工作的意义和价值，不能感受到工作带给他们的成就和满足，缺乏持久的工作动力，难以融入团队协同开展工作。存有这类困惑的被辅导者对工作缺乏兴趣和热情，推一推才动一动，对很多事情感到无所谓，缺乏对工作意义和价值的理解。

愿景混沌，指的是被辅导者对未来缺乏信心，看不到组织的发展前景，看不到自己的付出对组织、对社会乃至对人类的贡献。这样的被辅导者，害怕梦想，不敢想象未来成功的可能画面，自己的愿景混沌，使命模糊不清。

解决这些困惑和问题，根本的途径是有效沟通。辅导者在推进辅导进程中，可以灵活运用相应工具，帮助被辅导者厘清角色定位、创造信任关系、沟通工作意义、廓清愿景方向。

一、厘清角色定位

1.变革公式

组织发展领域的创始人理查德·贝克哈德与戴维·格雷彻提出了描述组织变革条件的方程式：

$D\times V\times FS>RC$

其中D是Dissatisfaction（不满意）、V是Vision（愿景）、FS是First Step（第一步）、RC是Resistance to Change（变革阻力）。

变革公式说明了组织变革必须要通过D、V、FS三个要素协同工作才能冲破阻力的影响，成功实现变革。并且，这三个要素缺一不可，某一个要素为

0，意味着方程式左边的乘积也为0，变革就注定会失败。

变革公式对个人的成长发展同样适用，因为人的成长同样是由一次次的“变革”构成的。辅导者就是通过辅导的方式帮助被辅导者实现“变革”，“D×V×FS＞RC”公式也被赋予了新的特定内涵。

D指的是对当前状况的不满，现实与理想存在差距，内心对成功充满着渴望，有改变的意愿和动机，但差距催生了很多不满意。站在辅导角度来说，这里的不满意，既包括被辅导者对自己、对现状表现的不满，想去提升和改变自我，也包括辅导者基于目标、组织绩效等对被辅导者的不满意。但辅导的重要目的就是将组织和辅导者的不满意，转变成被辅导者个人改变的强烈意愿。也就是说，外在的不满意要变成改变主体即被辅导者的不满意，才是真的不满意，方程式中的D才具有意义。

V表示对未来状态的期望，对可能性的期待，对愿景目标的期盼。站在辅导角度来说，这里的愿景指的是被辅导者自身将来达成什么样的目标，过上什么样的生活，成为什么样的人，给哪些群体提供支持，以及给组织、社会、世界等更大系统做出什么贡献等。同时，这样的愿景可以由辅导者为被辅导者展开、描绘和赋予，以此引导被辅导者展开想象，看到未来的画面，从而产生创造的动力。

FS指的是改变不满意的具体行动，迈向愿景的意愿程度，以及具体的实施步骤。站在辅导角度来说，被辅导者的第一步是改变的开始，是基于不满意的改变计划，是实现愿景的具体行动。辅导不只是澄清不满意的事实，放大不满意的情绪，也不只是创造美好的愿景画面，将其停留在空中楼阁，辅导要有脚踏实地的具体安排。对于被辅导者来说，在厘清不满意、描绘大愿景之后，面对自己制订的行动计划就会有持久的动力，就会主动跨越眼前的障碍，就会创造性地去实施行动。

为了持久发生改变，帮助被辅导者获得成长，上述三者并不是“孤军作战”，而应形成“叠加效应”，从而将改变的正能量不断聚集和放大，始终保持力量大于RC，也就可以冲破当下面临的阻力和障碍。

为便于梳理清楚被辅导者面临的内在障碍，厘清角色认知，我们将“D × V × FS > RC”展开，就形成了变革公式记录表（见表8-1），供辅导者参考使用。

表8-1　变革公式记录表

事项	D（不满意）	V（愿景）	FS（第一步）	RC（变革阻力）

2.感知位置

被辅导者的角色不明、认知不清，往往有很多方面的原因，但仅从自己的视角看世界、看问题、看他人是重要原因之一。辅导者需要帮助他们创造多维的视角，立体地全面地看待他人、看待自己。梳理下来，从四个不同位置看，会有独特的视角及结论。

（1）第一位置。

它指的是在特定情境、特定时刻下，一个人仅仅从自己的角度看问题。按照NLP理论，人们的心理地图与真实世界存在本质区别，“地图不是实景”，人们通过感官获得的信息，在大脑中形成的思维，已经经过了删减、扭曲和类推等过滤机制，致使人们看到的并不是完整的“实景”。

有些被辅导者带着困惑出现在辅导者面前，就是因为个人视角所限，看不到事物的全貌和本质，遇到角色不明、关系冲突、意义缺失和愿景混沌等诸多问题。作为辅导者，应让被辅导者从不同位置看到立体的“实景”。

（2）第二位置。

它指的是站在他人的角度看问题，用另一个人的观点去看、去听、去体验、去感受、去互动，进入他人的观点之中，站在他人的立场之上。

辅导者可以邀请被辅导者站在他人的角度进行换位思考，比如，“如果你是他，你会怎么看这个情况呢”“如果你坐在他的位置上，你会怎么想”。

如果被辅导者遇到的问题，处于双方都不知道答案的封闭区，辅导者可以邀请被辅导者选择一位对他非常重要的有经验的导师，并从导师的角度看待当下遇到的问题，给出相应的建议。当人们心中有这样的导师或偶像时，这样的问话往往会对被辅导者产生一定的冲击力。

案例

辅导者：你觉得关于这个问题，谁在这方面最有经验？

被辅导者：乔布斯啊！

辅导者：那如果乔布斯现在就在你的面前，你觉得他会给你什么样的建议呢？

被辅导者：他可能会说，看长远些吧。

辅导者：那怎么才能看长远些呢？

被辅导者：提前谋划啊！不能等到将来市场成熟了再去准备，那时候已经晚了。

（3）第三位置。

它指的是从旁观者或“摄像机”的角度，去看处在当下的自己。如果说第一位置代表当前的形势，第二位置代表未来的某个时间，那么第三位置就如同在电影院里观赏银幕上自己演的电影一样，可以看到自己和谁在一起，在做着什么样的事情。这是人类特有的能力，大脑前额皮层的发展，使人类可以暂时将自己抽离出来，想象着看到正在做某件事情的自己，如此也可以更加完整地看清自己、认知自己。

案例

辅导者：如果这些技能你都具备，你最希望出现在哪里呢？

被辅导者：生产车间里。

辅导者：你在干什么呢？

被辅导者：向同事们展示我娴熟的电焊技能。

辅导者：你能看到那个画面里的你吗？

被辅导者：可以。

辅导者：你脸上是什么样的表情呢？

被辅导者：面带微笑。

辅导者：你有什么感受呢？

被辅导者：开心、自信，大家会为我的表现鼓掌！

（4）第四位置。

前三个位置，更多是从空间的变化切换视角看问题，从“我”到他人，从他人到“摄像机”，物理位置发生了变化，视角从个体转向系统，被辅导者以此可以“看”到不一样的自我。第四位置，是在第三位置的基础上，引入动态变化的时间维度，被辅导者如同跨入“时间隧道”，看到整个事情的发展演绎过程，或者说如同一部电视连续剧，按照过去、现在、未来的时间顺序上演故事，全面立体地展示“整部剧作”。人们在“历史长河”中看到自己，通常会产生更多、更系统、更深层次的觉察和发现。

案例

辅导者：听下来，你决定离开这家公司，是吗？

被辅导者：决定了！但我在纠结，不知道如何和老板说。

辅导者：你纠结什么呢？

被辅导者：过去三年多，我和他一起摸爬滚打、创业奋斗，还是很有感情的。现在因为我们的价值观不一样，马上就要分开了，我心里还是有些难受，不知道如何开始我们的谈话。

辅导者：你如果现在就在老板的办公室内，正在和他进行离职谈话，你能看到什么？

被辅导者：我哭了……一直哭着。他也哭了，不过他的目标感会更强些吧，不会为此做出任何改变，所以我还是会坚定地告诉他自己要离开。

辅导者：假如你真的离开了这家公司，离开了现在的老板，一年、两年，或者未来更长时间后的某一天，在大街上遇到了原来的老板，你会有什么样的感受呢？

被辅导者：我会非常自在、坦然地面对他，当然也会心怀感激。

辅导者：如果带着这份自在、这份坦然，你会怎么样开始你和老板的离职对话呢？

被辅导者：真实表达，放下框架，自然去说就好……我知道该怎么说了！

3.度量尺

度量尺是一种非常有效的辅导工具（见图8-2）。一方面，它可以快速地对被辅导者的工作进展、项目计划，甚至内在状态、主观体验等看似不可衡量的事物，进行定量打分，使之更加聚焦、可视化；另一方面，它可以通过图示的方式，直观形象地标注不同时间点的度量尺刻度，可以帮助被辅导者调取大脑资源，进行思考和判断问题。此外，将被辅导者想要的目标在度量尺上打分标记，可以帮助被辅导者创造学习体验。被辅导者通过比较度量尺上分数的大小，发现尺子上现实和目标的差距，可以快速强化目标导向作用，更有动力实现目标，以及发现实现目标的具体路径方法。

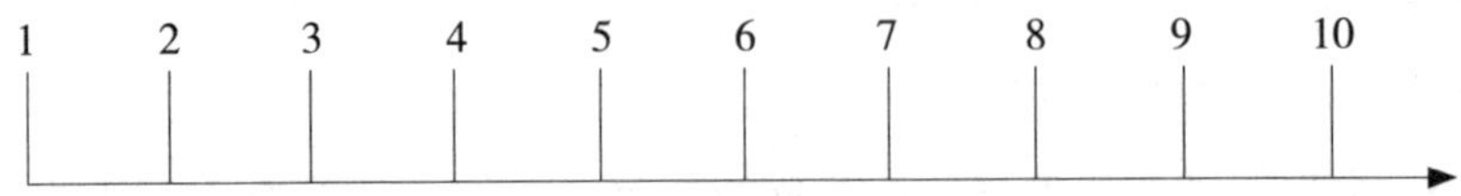

图8-2　度量尺

度量尺的使用范围非常广，既可以与工作内容和项目管理等业务相关，也可以与内在状态和感受相关。常见的使用度量尺的话术要点有以下几种。

（1）工作进展方面要点。

如果用10分来表示完成整个工作的话，你现在的工作进展是几分？

本周你希望可以完成8分的工作，你需要采取什么样的行动来保证如期实现？

从6分到8分的过程中，你会做些什么具体行动呢？

（2）项目管理方面要点。

项目结束后，达到几分你能满意？出现了什么就可以证明你达到了你想要的那个项目结果了呢？

对现在的项目进展，1分到10分你会打几分？

这个项目的风险怎么样？1分到10分你会打几分？如果风险可以降低1分的话，你会做些什么呢？

（3）自信指数要点。

你现在的自信是几分？你觉得达到几分的自信，就可以当众即兴演讲了？

如果达到了你想要的自信，对你来说意味着什么？可以给你带来什么？

如果再提升1分的自信，你会做些什么呢？

（4）动力指数要点。

你现在做这件事情的动力是几分呢？

你觉得到了几分就会有动力做这件事情？

6分和9分的动力差距在哪里？

你做些什么，能够把动力指数提升到9分呢？

（5）满意指数要点。

几分能令你满意呢？

你现在的满意度是几分呢？

4分到8分的满意度差距在哪里呢？

你做些什么，就可以让你达到想要的满意度了呢？

（6）重要指数要点。

如果这几件事按照重要性打分的话，分别会是几分呢？

按照重要性排序的话，你会怎么安排这个顺序呢？

除了这些应用场景，度量尺还可以用在里程碑、承诺度、行动计划、内在状态等很多方面，辅导者可以根据对话的情况，灵活选择打分的维度，以快速聚焦话题，调整当下状态，更加直接有效地调取被辅导者的内在力量，找到解决问题的办法，制订可行的行动计划。

4. 故事与隐喻

玛丽莲·阿特金森在《高级隐喻：故事转化生命》中表示：发现某个人的深层智慧，以故事的形式将其作为礼物和他人分享，而不是作为一条建议向别人提出来。可以说，人人都喜欢故事，喜欢听别人讲故事，也愿意分享自己的故事。辅导者恰当地讲述与辅导主题相关的故事，会让被辅导者快速进入情境，获得启迪和反思。

故事与隐喻是辅导活动中特别有力的工具，它绕过理性思考，充分发挥想象力作用，创造关于故事的情景画面。好的隐喻故事可以将被辅导者带入潜意识中，使其感同身受、产生共鸣，从故事中获得更多的滋养和启发。不过，大多数故事都是需要精选和加工的，在合适的时候讲述合适的故事，才能给被辅导者有力的支持。

讲出一个好故事，需要注意以下几点。

（1）镜像化场景。

交代故事发生的时间地点，有哪些人物、团队在场，对他们具体的身份、着装等进行细节描述。内容交代得越细致，场景描述得越精细，画面感越强，被辅导者越容易“看到”镜像画面，越能快速进入故事的情景之中。故事中的事件触发点，如同一个钩子，可以有效吸引被辅导者进入情节，对故事产生好奇，并期待故事的进一步展开。

（2）共情式问题。

详细描述故事中各个角色面临的问题和挑战，讲述他们之间的矛盾与冲突，制造适度的紧张感，时刻注意被辅导者的情绪变化，清晰表述在故事中想向他们传达什么，让他们感受什么。在语言的组织上，创造一定的悬念是故事成功的关键要素之一，这样才能吸引被辅导者，让他们体验到紧张、冲突、忧虑等。讲述的时候，切忌“自嗨”，如果辅导者滔滔不绝，而没有关注到被辅导者内心情绪的变化，那就不是好的故事讲述。好的故事讲述，要让被辅导者同样感受到挑战、紧张，激发其好奇心，最好使其能够沉浸在故事中。

（3）解决性方案。

问题和冲突会引发好奇，但这并不是讲故事的目的。解决性方案在于对故事中问题的延续，解决问题才是被辅导者学习的动机。辅导者可以适时停下来鼓励被辅导者猜测故事接下来的发展方向，故事人物解决问题的可能方案。邀请被辅导者带着这样的思考走进故事，能够让他们与情节和人物产生深度连接，也能够让他们深度学习。同时，揭示解决性方案，不可急转直下，也不能平淡牵强，如果故事的解决性方案稀松平常，就不会带给被辅导者更多的思考。所以，好故事需要有好设计，需要有创造性的学习机会。

（4）反思型回顾。

讲完故事的主要部分之后，辅导者需要和被辅导者一同回顾这个故事，鼓励他们总结提炼故事为他们带来的价值收获、反思感悟，进一步挖掘和放大故事的意义。辅导者可以通过提问的方式，把回顾的主动权交给被辅导者，引导他们多说，深挖。辅导者可以就某个点和他们展开讨论，碰撞出新的思想火花。辅导者还可以通过深度聆听，发现被辅导者的看问题视角和思维方式，了解他们的价值取向和根本态度。

辅导者应按照以上要点构思故事，但故事的隐喻是否有吸引力和辅导价值，还要通过下面几个问题校验。

- ☐ 故事的内容是否和辅导者的辅导目标相一致？能给被辅导者带来什么价值？
- ☐ 讲故事的时机是否恰当？需要用故事诠释观点思想的时候，是否恰好有故事隐喻出现？
- ☐ 故事是否具有现实性和相关性？人物和情节被辅导者都了解吗？
- ☐ 故事有多大的吸引力？被辅导者的投入度和享受度如何？
- ☐ 被辅导者能从中获得什么样的洞察？故事给他们带来了什么？

二、创造信任关系

1. 平衡轮

平衡轮是一种非常好用的辅导工具（见图8–3），应用的场景也比较多，包括职业、生活、能力、项目等方面，能够帮助被辅导者系统化思考，发现优先顺序和聚焦点，从而更好找到影响因素，发现要素之间的内在关系，以及发现破解问题难点的关键点。

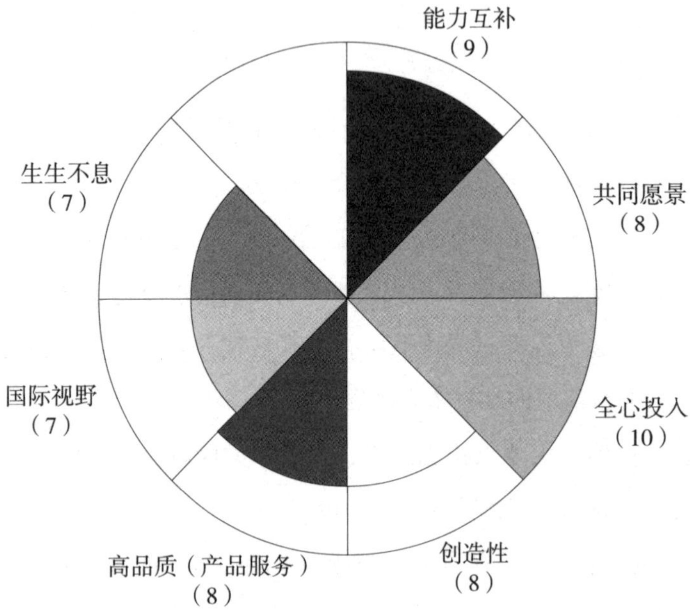

图 8-3 平衡轮示例

使用平衡轮辅导工具的具体流程包括以下几步。

确定被辅导者的议题与目标。这里可以结合度量尺的方式打分，澄清和确定被辅导者想要的目标。

让被辅导者把所有影响成果的因素写在轮子的外围。辅导者可以问："如果想要实现目标，哪些是必要因素呢？"具体问话的内容和议题有关，比如议题是下属的绩效提升，可以问，"哪些要素是高绩效的考量标准"；如果是复盘一个项目，可以问，"哪些要素是这个项目成功的条件"；如果是领导力方面的问题，可以问，"如果想在未来胜任某一岗位，你需要具备哪些关键的领导力"。

让被辅导者分别对现状满意度进行打分，再为未来的期望值打分。平衡轮的中心是1分，外面的圆圈是10分。针对绩效、项目、领导力、价值观等不同议题，具体问法也是不同的，只要保持深层次聆听，就会问出相应的好问题。

让被辅导者凭直觉选择颜色，对每个要素的对应部分涂色。针对每个部分尽量选不同的颜色，以呈现五彩斑斓的画面，大脑的视觉化能力会帮助被辅导者找到答案。

邀请被辅导者整体地“看”多彩的平衡轮，邀请被辅导者发现“关键点”。可以问被辅导者，“哪一个颜色最抢眼”“哪一个部分最能引起你的注意”“哪一个要素变化会影响其他要素”“这个关键点，如果提升1分，其他哪些要素会大幅度提升”等。

对被辅导者关注的关键点做进一步探索，制订行动计划。可以问被辅导者，“如果关键点提升1分，你会怎么做”。

平衡轮从系统全局的视角，全面直观展示被辅导者的思考维度。只要是有三个以上的维度，都可以使用平衡轮。将各个维度放进同一个轮子里，在各个部分涂上不同的颜色，产生视觉化效果，帮助被辅导者发现关键点，而后就这个关键点进行深入探究。如同森林上空的无人机，通过系统全局地查看，可以快速准确地发现关键点，随后便可以进行“俯冲”，聚焦在被辅导者发现的关键点上。

平衡轮体现出系统思想和视觉化原理，理论依据是系统论和脑神经科学。

系统论认为各要素之间不是孤立的，而是相互影响、相互作用的，甚至是相互转化的，一个要素的变化会影响其他要素的相应变化。为此，我们不能孤立地看影响要素，需要把它们放在同一个轮子里思考。但同时，各要素又不是完全并列、具有同等地位的，而是有一个或多个更加关键，被辅导者会发现系统中的关键点，这正是他们做出选择或决策的核心。

视觉化原理的作用贯穿平衡轮使用的整个过程。轮子的轮毂是带有刻度的，从中心到最外圈，有1分到10分的刻度。在被辅导者思考、比较和涂色的过程中，辅导者要给予他们足够的时间以完成整个平衡轮的使用过程。在这个过程中，被辅导者调动了大脑的多感官，包括多种颜色刺激的视觉、用彩笔涂色的触觉，在选择和比较不同颜色来代表不同意义时，还调用了大脑的前额皮层。这样的大脑多感官刺激、多区域协同，会调取人的潜意识资源，使人对问题的思考更加深入。随后，辅导者对照着五彩斑斓的平衡轮和被辅导者一同探究关键点，提出强有力的问题，平衡轮便成了被辅导者问题聚焦的抓手，通常亲手创作的平衡轮“作品”会帮助他们创造深层次的觉察和发现。

2.思维换框法

语言是人类意识的产物，是具有神奇魔力的。同样的一个道理，用不同的语言来表达，就会反映出不同的思维形式和意识过程。NLP总结出成果框架、“就像”框架、“反馈而非失败”框架等共通框架，引领意识的方向。

（1）成果框架。

成果框架是相对于问题框架而言的。问题框架下，被辅导者强调的是出了什么问题，处在什么麻烦之中，不想要什么，不想看到什么等；满脑子是问题，是困难，是挑战，聚焦的是不受欢迎的症状和原因。这种框架下，被辅导者看到的更多是过去，深陷其中，有时便会难以突破，如同被“问题之网”困住一样。成果框架却不同，它着眼于未来，聚焦在想要的成果上，被辅导者将注意力放在达成结果需要的资源上，认为问题和挑战都是改变、学习和成长的机会。所以，问题框架聚焦的是问题本身，成果框架则面向未来，关注问题的解决（见图8–4）。

过去 —— 当下 —— 未来

问题框架	成果框架
□出了什么问题？	□你想要的是什么？
□为什么出这个问题？	□怎样才能实现它？
□什么原因引起了这个问题发生？	□你有哪些资源可以帮你实现它？
□责任人是谁？	

图 8–4 问题框架与成果框架的区别

案例

被辅导者：我的团队太弱了，跟不上我的节奏。

辅导者：你想要什么样的团队？

被辅导者：我希望团队成员能够高效协同，可是现在执行力不行啊！

辅导者：如果有了执行力，会给你带来什么？

被辅导者：那我们的运营产能就能大幅提升。

……

（2）“就像”框架。

一些辅导需求，并不只是停留在知识技能层面，背后的信念也限制着被辅导者。面对这样的对象，辅导者用一般的工具很难支持他们，只有破除限制性信念才能真正帮助他们。

罗伯特·迪尔茨认为，常见的限制性信念集中于没有希望、无能为力、没有价值等，而这三大信念对人的身心健康、人际关系都有着惊人的影响。

没有希望：无论能力如何，渴望的目标都不可能实现。怀有这种信念的人，缺乏信心，害怕梦想，担心自己做什么都无济于事，不可能实现目标。他们认为渴望的目标，超出了自己能够控制的范围，外在的影响因素左右着这样的结果，自己可以控制的非常有限。

无能为力：渴求的目标有可能实现，但没有能力做到。这样的人相信目标有可能达成，相信努力一定有结果，但他们对自己的能力没有信心，担心自己做不到，认为自己做得不够好，能力还有差距。

没有价值：由于某种原因，认为自己不配得到渴望的目标。这些人有渴望的目标，也有能力实现它，也相信自己有这个能力实现，但他们认为自己不配得到好的结果，觉得自己什么都不是，个人有问题，应当承受痛苦和折磨。

这些限制性信念直接划定了被辅导者的思想边界，使其在有限的区域和固有的思维习惯里打转，很难有大的突破和进展，也影响着被辅导者的改变、学习和成长。

“就像”框架提供了破解限制性信念的工具和方法，可以帮助被辅导者克服当前限制性信念的阻力和限制。“就像”框架的使用过程是被辅导者的行为表现“就像”自己所渴望的目标或成果已实现一样：假设这些都已实现，绕过限制性信念的阻碍，直接进入成功场景之中。

米尔顿·埃里克森说过，你可以假装任何事，而后就会掌握它。“就像”框架使人们放下当前的限制，充分运用想象力，超越眼下的阻力和障碍，迈向原有的思维边界之外。其充分调用大脑视觉皮层的功能，用视觉化图像呈现未来想要的样子，并赋予想象者与真实实现后同样的体验和感受。它创造一种能量空间，激励被辅导者自主发掘内在潜能，拥有实现目标的身心力量。“就像”框架还可以使用反例或替代性的方式挑战限制性信念。例如，可以问被辅导者这样的问题：“想象一下未来的某一天这件事情真的做成了，那你和现在有什么不同呢？”“如果你表现的就像你期望的那样的话，那个时候你会是什么样子？”

3.复制卓越

很多情况下，被辅导者需要发现自己更多的内在资源，但他们自身可能并不清楚，需要辅导者帮助发现和探索。复制卓越是鼓励被辅导者站在专家或导师的角度，看待自己的问题，倾听专家或导师的声音，给自己更多的支持，使被辅导者有更多的动力和方法创造性地解决问题。

按照NLP理论，这一工具主要适用于被辅导者遇到困惑无所适从、缺乏灵感和资源支持、无法处理现实困难和完成任务的情况。主要采取以下步骤。

（1）建立信任与确认目标。

提出初步问题后，辅导双方对目标内容进行澄清，确认此次辅导要解决的问题。根据被辅导者的困扰，辅导者需要判断出这一工具是否适用于该问题的解决。如果适用，询问被辅导者，如“最希望得到哪位资深人物的帮助和建议”“这个方面谁做得最好，值得你学习和借鉴”等。

（2）邀请能够帮助被辅导者的专家或导师出场。

针对被辅导者提出的问题，让专家或导师给出建议和答案。这个时候，被辅导者可以站在第一位置，也就是从自己的角度，聆听专家或导师的反馈。辅导者也可以让被辅导者与专家或导师进行对话，以确认被辅导者能够听到他们给出的建议和答案，强化对专家或导师建议的吸收和接纳。同时，为了更有画面感，让这样的体验更加美好，辅导者可以邀请被辅导者想象一个场景，最好是他们感觉最舒服、最放松、最安静的地方，并请他们在脑海中确认专家或导师相对于被辅导者的位置，使得在这个画面中，双方的对话更加视觉化和真实，使被辅导者有身临其境之感。

（3）站在第三位置回顾刚刚发生的一切。

梳理专家或导师给的建议，探寻被辅导者内心的变化，关注他们的语音语调、身体语言等，鼓励被辅导者总结更多的发现和收获。

（4）探索新的行动计划。

带着专家或导师的建议，结合被辅导者的感受和发现，邀请他们对照本次对话的目标，确认想要的成果，并进一步探索具体的行动计划和实施步骤。

案例

被辅导者：我也很困扰，不知道从哪里着手。

辅导者：关于这个问题，如果有一位专家或导师能帮助你，你一下子会想到谁？

被辅导者：罗伯特·迪尔茨。

辅导者：假如罗伯特·迪尔茨现在就在你的面前，你会问他什么问题呢？

被辅导者：你是NLP大师，写了那么多本书，你是怎么做到的呢？

辅导者：听到这些话，他会怎么回应你呢？

被辅导者：他会对我说热情，要有热情。可是我热情不够呀。

辅导者：好的。现在我邀请你想象下，如果你和罗伯特·迪尔茨能够见面，你们会在哪里呢？

被辅导者：我家附近的咖啡厅吧，我们面对面坐着。

辅导者：让我们想一下那个画面，你正在和罗伯特·迪尔茨在咖啡厅聊着写书的话题，听到你说“我热情不够呀”，他会怎么回应你呢？

被辅导者：那就唤醒热情呀！卓越元素模型的核心是热情，有了对愿景的热情，对使命的热情，才有成就卓越的内在动力，才会创造生生不息的事业。

辅导者：听到这些话，你有什么感受？

被辅导者：我明白了！要对未来充满热情，对自己的使命充满热情。

三、沟通工作意义

1.告知

告知是最传统的沟通方式，也是人类信息传递的主要方式。在辅导场景下，辅导者占据经验、知识、专业等方面的优势，辅导过程中经常用到告知这一沟通方式。

告知的目的，是通过直接告诉，使被辅导者了解概念、原理、规则、流程等重要事实，帮助被辅导者快速弥补信息、知识等方面的不足，掌握基本知识，为提升技能、改进态度做好准备。从告知的定义可以看出，向导角色的辅导者经常使用告知这一沟通方式，传递的是知识与信息，与被辅导者的关系是“指示—接收”型的辅导关系。

辅导者需要根据被辅导者的知识短板和疑问，选择恰当的告知时机。如任务紧急情况下，被辅导者需要立即学会某款操作软件，这时辅导者只需把软件的操作规程、技巧、资源传递给被辅导者，比如现场为他们演示、讲解和说明。待被辅导者基本习得后，辅导者再与其谈论或告知其背后的设计原理。

辅导者需要根据不同的辅导方案，采用不同的告知方法。告知尽量使用通俗易懂的语言，结合图片、模型、录像、实物等来说明辅导的内容，这样可以使被辅导者更好掌握、接受知识与信息。

辅导者告知时，应该做到以下几点。

- ☐ 准确判断被辅导者缺失哪些知识与信息，客观地陈述或披露基本事实和相关信息；
- ☐ 保证被辅导者在真实场景下能够应用这些知识与信息，直接沟通，语气平和、思路清晰；
- ☐ 尽量将书面告知和讲解告知结合起来，如涉及法规、业务等保密内容，要妥善保留书面文件；
- ☐ 考虑被辅导者绩效表现与其预期的偏差，不以肯定或绝对化的语气讲述辅导效果；
- ☐ 详尽告知每一项内容，不得遗漏，分主次轻重，重要内容先讲，次要内容在后，如明确告知目的、时间、地点、设备使用及注意事项等。

具体参考话术如下。

- ☐ 你需要了解如下概念，理解如下含义……
- ☐ 你可以在某网站、某手册上查找相关的内容……
- ☐ 之所以这样设计，背后是这样考虑的……
- ☐ 做好这项工作，第一步……第二步……第三步……

被辅导者的很多问题往往属于病构性质的，一味告知，不一定有效。学习在于转化和吸收，而不是辅导者说完了、做过了，学习就能够自然发生，辅导便随之完成。因此，告知这一沟通方式，通常运用在教导式辅导场景下。当然，在教练式辅导中偶尔也可以通过告知的方式进行直接沟通与反馈。

案例

小项之前在银行做过一年的柜员，有一定金融行业风险意识，对柜员的日常工作有初步认知，人较年轻，也有强烈的学习愿望，性格外向，善于言谈，对自己的职业发展规划有较为清晰的目标。在辅导之前我和小项有过一次接触，针对这种情形，我们共同讨论了如何有效开展辅导工作，一同初步制订了辅导计划和具体的辅导内容。由于时间有限，我们的辅导内容限定在成为初级柜员所必备的业务知识和业务技能上。明确辅导内容之后，我们商定这次辅导任务是以自学业务制度资料为主，以日常业务要点、技能提升、服务及营销技巧学习为辅。比如在掌握日常业务要点上，主要学习：

运营制度各章节业务基本规定；

日初日结流程及操作要点；

重要物品的保管和使用；

核心系统的使用方法；

零售日常业务合规操作传导。

辅导中，我做给小项看，让她说出操作的流程步骤和关键要点，我再为她解读介绍，而后让她再做一遍给我看，我对出现的问题给予纠正和反馈。小项很快就掌握了日常业务要点。

2.澄清

澄清是辅导者引领被辅导者对模糊不清的陈述做清楚解释，目的是让被辅导者将问题说得更详细，让辅导者检查自己是否正确理解了被辅导者的信息。

辅导者澄清问题或事情的真相，可以帮助被辅导者看到知识、技能和心态等方面的差距，开拓信念，促进辅导目标的达成。

（1）澄清的要点。

☐ 厘清事实信息与个人观点。

☐ 让被辅导者有机会洞察自己的心态、信念和处理事情的模式。

☐ 澄清时用的语句要清晰、直接。

☐ 辅导者不要把自己放在高高在上的位置。

☐ 鼓励被辅导者多提供信息。

（2）澄清的步骤。

☐ 确认被辅导者口语或非口语信息的内容，即被辅导者究竟要告诉辅导者什么。

☐ 确认信息中需要核验正确性或需要详细陈述的任何模糊或混淆的部分。

☐ 确定一个恰当的开始话术，用陈述的语气语调进行表达，而不是反问。

☐ 通过倾听和观察被辅导者的反应来评估澄清的有效性。如果澄清是有效的，被辅导者会再详细陈述信息中模糊或混淆的部分。如果澄清无效，被辅导者一般会沉默，忽略对澄清的要求。也有可能被辅导者继续陈述，但辅导者会有不理解的感受，此时辅导者需要用提问、反馈等其他沟通技术完善这一步骤。

（3）话术参考。

☐ 你是不是想和我谈谈……

☐ 你说的是上周你去拜访……发生了……是这样的吗？

☐ 不知道我理解是否正确，你刚才的意思是……

☐ 我们一起来看一下，刚才你说的是不是……

案例

会议结束后，小成主动来找我，说："师父，我觉得责任太大了，万一出点事儿，我担不起这个责任啊。你能不能跟主任说说，别让我独立负责一个考点了，我还是跟着你比较好。”

在我的计划中，小成应该是信心满满并愉快接受任务的，我没有想到他会打退堂鼓，这不符合他一贯积极主动的表现。看来，我该首先处理他的意愿问题了，了解他背后有没有什么别的考虑。

我和他来到了会议室，我让他坐下，对他说：“别急，我能理解你的心情，每个人第一次独立承担重要工作时，都会处于类似的状态，这是好事，这是对工作审慎和负责的态度！这次工作安排既是领导认可你的表现，也是你在领导心目中确立形象的契机，你要珍惜这个机会！你如果能较好地独立完成任务，也是帮领导解了燃眉之急。来，说说看，你是怎么看待这个任务的？其中要做哪些事？里面哪项工作让你有顾虑了？”

我先让他在白板上列出他目前对本次工作的认知，以及其中可能会遇到的问题，然后我结合高考保障的基本流程与注意事项、本次考点与市招办等连接的网络结构等，和他一点一点地梳理。在过程中我发现，小成的接受能力很强，所有以前教过的点，他都知道；没有涉及的点，在我的提示下他也能很快理解。此时，小成已经完全沉浸在项目的执行细节中了。

3.提问

提问是辅导者提出问题，被辅导者回应的沟通方式，旨在启发被辅导者进行思考反思、自我探寻、深入学习，是使被辅导者能够掌握知识、发展能力、唤醒内在的一种辅导行为。提问是辅导者的重要武器，在开发被辅导者思维模式等方面有着特殊的重要作用。运用得好，可以达到了解情况、厘清想法、激发可能性以及启发心智的目的。

导师、激励者和唤醒者角色的辅导者，都是擅长提问的，他们运用提问来启迪被辅导者的价值观与信念、使命与志向、愿景与方向，他们与被辅导者之间的关系是“指导—释惑”型、“召唤—觉察”型、“唤醒—开悟”型。

一次完整的辅导对话，从一开始的问题澄清，到过程中对问题的探索，再到问题的解决、行动计划的制订，是一个完整的、封闭的对话系统。辅导者可以从以下问题着手，逐步推进对话进程，帮助被辅导者达成结果、收获成长。

（1）ORIID五大计划性问题。

① 你想要解决什么问题（Objective）？

这种问题类似前面介绍的澄清中的问题，辅导者和被辅导者一同确认此次辅导的聚焦点在哪里、解决的问题是什么等。值得注意的是，被辅导者的回答一开始可能停留在现象和事实层面，背后的原因和想要的结果未必一下子就能确认清楚。甚至有时候，被辅导者自己也不太清楚想要解决的真正问题是什么。这个时候，辅导者需要运用提问技术帮助被辅导者认识想解决的真正问题在哪儿，想要的结果到底是什么。可以这样提问："请描述一下你的问题是什么""什么原因引发了这样的问题""你想要什么样的结果"等。

② 解决这些问题对你来说意味着什么（Reflective）？

解决问题需要一定的动力，辅导者需要确认清楚问题解决对于被辅导者的价值和意义在哪里，只有如此，被辅导者才会有动力进一步探索解决方案，以及将来执行行动计划。同时，这种问题也是在帮助被辅导者进一步澄清自己和问题之间的关系，在问题中扮演的角色，以及问题成功解决后的收益。可以这样提问："解决这个问题为什么这么重要""这个问题解决了会给你带来什么价值""解决这些问题对你有什么帮助""问题解决后它的意义在哪里"等。

③ 如果这些问题全都解决了，你会是什么样（Illuminating）？

这是一种非常具有启发性和体验感的问题，辅导者可以运用感知位置、复制卓越、平衡轮、度量尺等工具，帮助被辅导者创造问题成功解决后的美好画面。这种问题下，辅导者重在启发心智，让被辅导者保持好奇，不评判、不指责，引导被辅导者跳出原有的框架，多视角、多维度、多系统地看待自己、看待他人、看待组织。这种问题下，辅导者还可以创造体验，鼓励被辅导者想象出问题解决后带来的价值和收获，体验成功后的景象和感受，以及对他人、对团队、对组织和更大系统的影响和改变等。可以这样问："如果你是董事长，你会怎么考虑这个问题""假如你的导师或教练面临类似的问题，他会怎么做出选择""如果这些制约因素都不存在了，想象一下那会是什么样子"等。

④ 如果再完美一些，你会怎么样（Inspiring）？

这种问题在启发心智和创造体验之后，重在激励被辅导者做出更深入的探索，创造更多的可能性，找到更多解决问题的方案和思路。提出这种问题是开启问题解决的关键一步。如果将解决问题比喻成登山的话，一开始澄清问题，是在确定方位；沿途走是在逐步探索，向上爬是在启发思考，到了山顶就会"一览众山小"，回头再看沿路的障碍、走过的弯路，自然就会找到最佳的登山路径。也就是说，在下山前，可以找到解决问题的思路和办法，巧妙地避开和化解矛盾问题。可以这样问："带着这样的画面和感受，回头看现在的问题，你有什么发现呢""如果满意度再增加1分的话，你会做些什么呢""如果问题解决再完美一些的话，你会做些什么呢"等。

⑤ 你的行动计划是什么（Decisional）？

制订行动计划时，辅导者可以通过提问的方式，让被辅导者自我选择、自我制订、自我执行。这样的好处在于，接下来的行动执行者是被辅导者本人，外在的安排很难成为一个人的自觉行动，而面对自己选择和确定的行动，执行力和内在动力都会更足。所以，辅导者在对话结束之前的一个例行性问题，就是让被辅导者制订出清晰的行动计划，从而保证此次辅导效果的后续落地。可以这样问："接下来你打算做些什么保证这些策略落地""接下来的两周内，你的行动计划是什么""如果马上开始，你最先要做的是什么"等。

（2）五种类型问题。

事实上，不同类型的问题有着不同的提问方式，对被辅导者的冲击力也是不同的。下面，我们就从五种不同类型问题出发，探索辅导者问什么样的问题最有效，在不同的阶段问什么样的问题最合适。五种类型问题如图8-5所示。

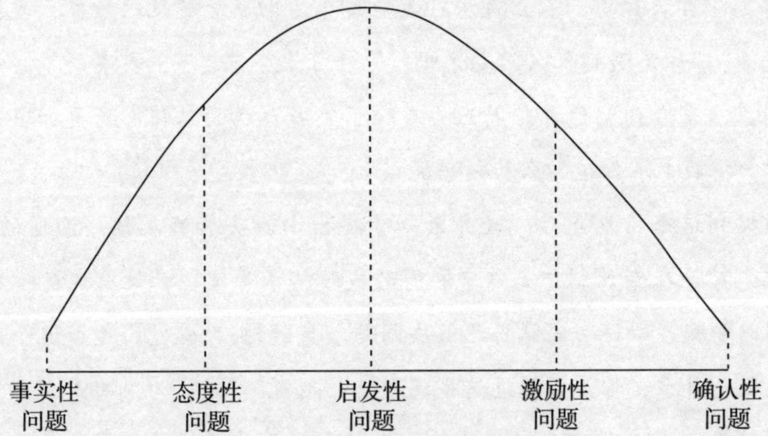

图 8-5　五种类型问题

第一种：事实性问题。

在辅导双方开始对话时，辅导者为了了解事实真相，掌握相关背景信息，一般会主动提出一些事实性问题，目的是全面了解时间、地点、人物、环境、数据、历史、工作状况等基本情况，尽量挖掘全部的事实真相，为下一步辅导的开展收集足够的信息。这种类型的问题，一般会用在辅导双方对话的一开始，被辅导者回答这些问题相对比较容易，有利于向下一步深入的辅导推进。

话术示例：

□“事情发生的时间地点是什么？”

□“去年的销售额是多少？”

□“当时都有谁在场？”

□“机器发生故障的频率大概是多少？”

案例

记得有一次，小王非常沮丧地过来找我，对我说："老师，我不想继续制作专刊了。"听到她说这句话时，我感到非常奇怪，因为在我心里，她做任何事情都是非常认真的，不会随意打退堂鼓。为彻底缓解她的焦虑，我边安抚她边询问："你是遇到什么问题了吗？"小王说："老师，我不是不想继续制作专刊，只是专刊制作都在周五，我除了完成自己的工作，还要加班完成这项工作，但我也不知道怎么和领导说。"

捕捉到这个信息点后，我并未急于提出由我去和直属领导沟通的方案，而是首先对她在专刊制作工作中取得的成绩给予肯定，让她有成就感和价值感，同时积极鼓励她去尝试自己解决问题。我问她："你觉得造成这个困境的主要原因是什么，你是否想过这个问题？"她说："我认为主要是由于专刊截稿时间较晚。"我说："在未来工作的岗位上，面临的问题和困难会很多，你应该学会解决问题，而不是放弃。遇到困难时，我们应该学会如何和领导沟通，领导更想听到的是你对问题的解决办法，而不是抱怨。"一番话后，小王豁然开朗。

此后，我们共同协商解决方案，同时，我还指导她如何和领导沟通。过了两天，小王兴高采烈地跑来找我，跟我说："老师，我按照您教我的方法和领导沟通后，问题已经解决了。"通过这件事，小王的工作积极性没有被打消，她继续负责专刊制作工作的自信心反而增加了。

第二种：态度性问题。

此类型问题可以帮助辅导者觉察出被辅导者对某种事实或问题的看法，从而了解其固有信念、价值观、思维方式、行为模式和性格等倾向，有利于辅导者全面了解被辅导者的秉性和态度，便于后面有针对性地引导。

话术示例：

□ "你认为他这样做是什么意思？"

□“王先生为什么会突然因为这件小事发脾气？”

□“你不愿意与小陈沟通的原因是什么？”

□“你不想转到营业厅的原因是什么？”

案例

在工作期间，专业技能固然重要，但学会为人处世更为重要。因此辅导者要在辅导过程中，用心观察被辅导者的情绪和心理状态。记得有一次，我起身经过走廊去接水，经过小馨工位时，发现她在低声啜泣。我俯下身，轻轻拍了拍她的肩膀，关心地问：“怎么了？需要帮忙吗？”她说：“与其他部门同事沟通时感觉很费劲，是不是我不善于表达，做得不够努力，不够好？”

其实，事情起因是两个部门工作职责不明晰，导致工作都做不到点上，出现了灰色地带。了解清楚原因后，我首先安抚她的情绪，说了些安慰的话，然后从换位思考、放低身段、调整工作方式方法等多方面进行开导，逐渐缓解了她的情绪。与她的沟通中，我发现遇到问题时，她首先是查找自己的不足，而不是一味地抱怨他人、抱怨公司制度。情绪疏解后，她非常感激我，说要以我为榜样。当时我非常高兴，为她的思路调整而高兴，同时对这个可塑之才竖起了大拇指。

第三种：启发性问题。

启发性提问，是更高级的提问，是一种拓展思路、促进新发现的发问方式，目的是从被辅导者的答案中寻找新的可能性，同时挖掘被辅导者的内在潜能。

话术示例：

□“如果你是王老板，你会如何处理类似的事情？”

□“除了这些方法，还有其他可能的方法吗？”

□“对于这个问题，你还有什么新的提议吗？”

□“在你以往的工作中，还有什么不同的做法吗？”

案例

我放下手头的工作，为小王分析了她的现在与未来，我说："你现在很忙，没有幸福感，属于忙碌奔波型，但未来你可能会有幸福感，那么我们怎么才能达到'现在幸福，未来也幸福'的幸福型状态呢？"小王说："我需要改变现在的工作状态，并做好未来的规划。"我继续引导她："那么你觉得应该怎么改变呢？"她说："我要快速改变工作心态，寻找更好的工作方法。"我为她讲解了获得幸福感的关键是要制订详细的近期目标，明确远期目标，然后努力实现。我让小王根据现状与对未来的规划，分析幸福感受的来源及意义。

她写出了自身的工作的意义、快乐和优势，然后在这三个部分中找到交集，分析出自身幸福感的现状及对未来的预期。同时她为自己做了规划，她说，为了实现未来幸福的目标，除了努力工作，要在工作结束后安排健身、社交、读书等活动，全面提升自己。谈话结束，她对自己有了新的认识，充满了自我学习的积极性和主动性。我语重心长地对她说："工作中遇到挫折很正常，不可能所有的客户都一成不变，年轻人初入公司应该更多关注学到了什么，关注人脉的积累和自身成长。除了关注眼前的工作的幸福感，也要关注未来的幸福感，不能单纯地看现在得到了多少。要懂得将学到的技能运用到新的工作中，现在的努力都是为了未来幸福感的获得。"

周末，我又邀请她和她朋友一起吃了一顿饭，饭桌上对她大加赞赏。此后，小王主动要求我带着她到区公司沟通协商，并与商户沟通，完成便利店系统门店的更新工作。同时，她重新确认了新的客户拓展名单，将麦当劳作为拓展的重点。她将心态调整到了最佳状态，实现了自我和谐，自学能力、领悟能力又有了新的提升。

第四种：激励性问题。

此类型问题一般是对一些目前尚未发生的事情或未知的结果，通过提问的方式对被辅导者进行激励和挑战，以激发他们能够做出行动的意愿。

话术示例：

□“假如他还是不愿意跟你沟通，你还会这样做吗？”

□“既然目前目标达到80%，你觉得有可能提前完成目标吗？”

□“如果这次合同签订成功，你觉得对我们每个人有什么好处？”

□“如果这件事一定要成功，你需要怎么做？”

案例

澄清问题之后，我和徒弟小成又一起去现场进行环境查看、设备布线、单机测试、设备与平台联调等，重点检查各考场、考点监控中心的视频监控、拾音器、屏蔽仪等设备及软件并维护其正常运行，对常见障碍进行了几次模拟应急演练等。在辅导过程中，一般先由小成拟定初步方案，我提示他进一步思考一些细节，我还分享自己的做法让他比较异同，并向他提问：“如果这样改进我们的方案，你觉得会对我们的设备运行有什么样的好处呢？”在他回答后，我总结归纳要点，激励他实施改进方案。对于以前未接触过的设备，则我先讲解要点，提示他对比同类设备的操作，示范操作并提示其关注要点，小成独立操作后，由我验收。

看到小成逐渐恢复了信心并且在积极地准备，我也松了一口气。我把小成的准备情况向部门主任做了汇报，邀请主任对他的工作进行验收。过了两天主任告诉我，他找小成谈了，问了小成一些准备情况和常见障碍应对问题，结果很满意，并表扬了我带徒弟有方。

第五种：确认性问题。

在辅导的后期，辅导者提出确认性问题，目的是确认被辅导者是否有清晰的行动方案和计划，并获得相应承诺。

话术示例：

□“你决定怎么做？”

□“你会在什么时候做到？”

□“你能做到多少？”

□“你需要做什么才可以达成目标？”

案例

还记得在定岗后的第一季度考试中，我的三个学员，其中两个考试得分超过80分，但有一个学员考试仅得了65分。看到这个结果，我们进行了反思和讨论。虽然团队排名在中上游，但他和其他人还是产生了差距。本着不让任何一个人掉队的想法，我们展开了三对一的沟通。沟通前，考虑到年轻人脸皮比较薄，我对考试分数进行保密，仅做了正态分布。同时为了避免给学员太大压力，我选择了委婉的聊天式沟通。我问成绩最低的小华：“考完试了，对这个结果还满意吗？”小华回答：“这次失分主要因为文件中指标数字记不清楚，我觉得是正常发挥吧，文件只要读懂意思了，这些指标不用强记吧？大学我一直是这样的。”听到小华坦诚的回答后，我们认为小华在对文件解读认知方面还是存在偏差的。之后我讲解了从事财务工作对数据严谨性的要求，同时提示了考试成绩与奖金的关系，进行了正向引导。沟通后，小华恍然大悟，说：“这么简单的事情，我怎么没想通呢？请放心，我会在日后改掉这个小毛病。”“那下一步你们决定怎么做呢？”我问。他们纷纷表示，要端正考试的态度，背记关键指标数字，认真准备每一次的考试。在随后的第二季度、第三季度考试中，我看到了令人惊喜的结果，三个人考试成绩都很不错。

4.倾听

倾听是指接收口头和非语言信息、确定其含义和对此做出反应的过程。倾听是辅导者主动参与的过程，是有效沟通的前提。在这个过程中，辅导者需要接收、理解和转化信息，做出必要的反馈。

辅导者倾听的目的在于，判断被辅导者所描述事情背后的事实，了解被辅导者话语背后的初心，洞悉被辅导者的价值观和信念。真正倾听需要辅导者暂时忘却自己的思想、期待、成见和愿望，保持中正的状态。

阿特金森等在《被赋能的高效对话：教练对话流程实操》中将聆听区分为三个层次。

自动化聆听：基于对方表达的内容和信息，辅导者自动地根据自己的内在思维过程做出反应。这一层次的聆听中，辅导者一般会将自己的类似经验和被辅导者所说的内容关联起来，做出同意或不同意、相信或怀疑、正面或负面的反应，做出评判、打断、插嘴等动作。聪明的辅导者尽量不要停留在这一层次的聆听并展开对话。

结构化聆听：辅导者带着价值结构，全神贯注地去听被辅导者表达中最重要的东西。这一层次的聆听，如同将聚光灯全部投射到被辅导者身上一般，辅导者把全部的关切都放在被辅导者身上，全然地尊重、关心，由此可以"聆听"出被辅导者的感受和意图，关注他们想要的、需要的，从而有效地推进辅导进程。

全息化聆听：全方位的、前后关联的聆听，是注重那些有意义的内容、言行一致、整体平衡的聆听。这一层次的聆听中，辅导者不仅注重语言本身，还会关注语言背后的语音、语调、语速、情绪和能量的起伏变化。也就是说，这一层次的聆听不是关注事情本身，更多是关注人的整体生命发展。这是最高层次的聆听，也是卓越辅导者的必备素养。

"3F倾听模型"是沟通技术中关于聆听的流行模型，指的是在全方位直觉式倾听时，要听到对方三个方面的信息——Fact、Feel、Focus，也就是事实、情绪和意图。倾听事实是指不用自己的想法和固有观念对对方的话进行评判，客观地接受对方谈话中的信息，努力把握对方话语中的客观事实，不带偏见看问题。倾听情绪是指在倾听事实的同时，通过语音、语调乃至肢体语言感知对方的感情。倾听意图是指把握对方真正想要的是什么，真正的意图是什么。有些人若不擅长表达自己的意图，说出来的话跟真正的意图会有很大差异。

三层次聆听和“3F倾听模型”有很大的相似性和关联性。如果辅导者的倾听停留在事实、信息、内容层面，辅导者就事论事，直接简单地和被辅导者讨论细节，就很难捕捉到他们真正想要的，即使辅导者提供了内容细节，但可能还是不能解决被辅导者真正的问题。聆听时的情感情绪是一条非常重要的暗线，会影响和带动整个辅导对话的能量，积极的辅导者需要把一部分注意力分配到被辅导者的情绪和能量的变化上，并随之变化，理解被辅导者的内心，感知被辅导者的感受。身体是有语言的，被辅导者的表情、肢体、语音语调等都会传递信息，高水平的辅导者可以快速判断被辅导者的后设程序模式，匹配被辅导者的意图和模式，使得被辅导者感受到全然被关注，双方便会建立更深层次的信任关系。

不过，现实的辅导中，在倾听上辅导者常犯如下毛病：

- ☐ 不留心，满口生意经、工作经，滔滔不绝，焦点在自己身上；
- ☐ 过早下结论，迫不及待地打断别人，控制不住自己想表达的欲望；
- ☐ 遇到与自己的价值观不一致的情况，批判被辅导者的价值观，一副高高在上的样子；
- ☐ 与被辅导者争辩，就某个话题进行辩论，认为道理“越辩越明”，实则损害了深层次聆听。

因此，倾听应遵守如下原则：

- ☐ 真正认识到倾听的重要性；
- ☐ 从肯定被辅导者的角度去倾听；
- ☐ 以良好的心态，克服先入为主的意识。

倾听时应关注的要点如下：

- ☐ 事实——已经发生的，不可改变的，基本的情况；
- ☐ 情绪——代表开心、兴奋、忧郁、不安、紧张、无奈等；
- ☐ 信念——被辅导者待人接物背后的价值观；

☐ 意图——被辅导者想要的到底是什么；

☐ 方案——思考如何引导被辅导者找出问题的解决方案。

注意事项有以下几点：

☐ 位置——调整高度与距离，尊重被辅导者；

☐ 姿态——以开放的姿态和身体语言进行交流，轻微前倾；

☐ 面部表情——放松，平和的交流让辅导变得更轻松；

☐ 眼睛——倾听时保持适当的目光接触以鼓励被辅导者；

☐ 声音——跟随被辅导者的话题给予适当的反馈；

☐ 发问——通过发问来加强理解。

案例

清明节短假后的第一天，我刚开完部门周例会，就接到小张的电话，他问我有没有空，想把清明节期间的一些想法跟我沟通一下。电话中，小张显得吞吞吐吐，我听出了他的情绪和诉求：想要辞职。虽然我手头还有事，考虑到这次是他主动约我，以及他电话中的情绪，我决定放下手头的事，先跟他做个交流。

这是小张第一次来我的办公室，为了跟他更加坦诚地沟通，我把办公室另一位同事"支"了出去。打完电话不到5分钟，他就来到了我的办公室。鉴于事发突然，我决定这次不再按原定计划同他讨论近几年公司人员进出情况（我也还没拿到相关数据），尽量避免跟他谈论离职的话题。

小张坐下来后，我看到他穿着浅色的休闲服，于是一边冲茶一边有意无意地说："小伙子，如果我没记错的话，去年10月在广州面试那天下午，好像你穿的就是这套休闲服吧。"

我说完，他愣了一下，说："哦，对了。这是我当时为了参加招聘面试特意去买的一套服装。"他说，当时他想穿西装正装，结果上午去看了一下面试现场，觉得穿西装正装太严谨了，所以中午特意去买了一套浅色休闲服。

“张总，我今天穿的衣服是随意挑的。没想到你居然连我招聘面试时穿的衣服都还记得。”

“你是面试表现比较优秀的学生之一，我当然难忘啦。我还记得你参加新员工岗前培训时，在我上的那节课，你还因为摩托车骑到半路没油了迟到，被我罚站呢。”

接下来的话题就轻松了。我和小张回忆起校园招聘面试时他们每个人的“出格”表现，我给新员工岗前培训时他们的“不羁”行为。而且，我说出了他最近参加了哪些项目、哪些培训。

一幕一幕的回忆，让他慢慢意识到，在公司他的每一次关键经历，每一个细微成长，同事都在关心、领导都在期盼！

自始至终，小张虽然有机会跟我说起他想要离职的事。但是，他一个字都没说。本来计划交流半小时，结果一聊就聊了一个半小时，使得我那同事在办公室门口来来回回几次又不方便进来，害得很久没有加班的我那天下班以后不得不加班。

他离开我办公室时，还问我下次什么时候有空给他开导开导。我留意到，小张刚坐下来时锁紧的眉头不见了。

5.反馈

反馈是辅导者针对被辅导者，在其言行与目标趋向一致时给予认可和正向激励，或者在其言行与目标不一致时给予纠正性建议的活动。有效的反馈一定是具体的、及时的、平衡的。反馈时，要注意以下几点：

- □ 反馈要有事实根据；
- □ 要带有激励或鞭策，要鼓励被辅导者多说话，表达真实的想法，而不是给出指令；
- □ 关注绩效，重点讨论被辅导者客观行为过程、工作措施、现实问题，给予建设性的回应而不是批判，更不能评价被辅导者的性格和价值观；

- □ 指出被辅导者在心态与行为上出现的不足，但不要批评，要立足于查找原因、解决问题，找到改进不足的办法；
- □ 指出不足时，要多了解状况，尊重客观事实，不要责骂，批评时不要伤害被辅导者的自尊与自信，选择适当的场所，提供方法，紧盯过程，友好地结束反馈；
- □ 信任是有效反馈的基础，建立辅导双方互相信任的氛围，多站在被辅导者的角度思考问题，勇于承认自己的过失，赢得理解和信任。

反馈时，辅导者常犯如下错误：

- □ 打击，对不符合辅导者立场、主张、标准、价值观的，给予否定和打击；
- □ 讨好，为维护“良好”的辅导关系，采取忍让、回避、妥协，甚至是讨好的方式；
- □ 发泄，将不满、愤怒的情绪倾泻出来，采取指责、责备、批评，甚至动手的方式发泄自己情绪；
- □ 讽刺，对被辅导者成功的或不成功的行为，采取讥刺和嘲讽的态度，或者用讥讽的眼神、嘲笑的语气向被辅导者表达。

常见的错误句式如下：

- □ 你怎么会犯这样低级的错误，对于一个正常人来说，这是很容易解决的！
- □ 这些事情我来帮你解决吧，你刚来不久，很多事情要慢慢学……要不改天找个时间你请我吃饭……
- □ 你真是够笨的，我从来没见过你这么笨的人，我忙了一上午，自己的事情忙得焦头烂额，你还给我找麻烦。
- □ 你觉得公司就你一个人有能力？是啊！公司离开你就不能转了。

有效的反馈话术可以分成正向反馈话术和建设性反馈话术两大类。

正向反馈话术就是对辅导者做得好的事情给予表扬，希望好的行为保持和发扬，可以按照BEE公式形成话术：

- □ B——行为（Behavior），告诉被辅导者哪些行为好；
- □ E——影响（Effect），说明该行为对工作的影响；
- □ E——鼓励（Encourage），鼓励被辅导者继续保持这种状态。

案例

小李，刚才我观察你在接听客户电话，有些地方真是可圈可点。你和客户电话沟通时，声情并茂，很投入，回答问题很流畅、得体，客户就像在你对面一样。你让客户感觉到了咱们的友好、热情、专业，可以看得出你在用心和客观沟通、为客户解答问题。（行为）我想你如果这样坚持下去的话，肯定会赢得客户的认可，你的业绩也会大幅度提升，投诉率会非常低。（影响）希望你继续保持这种工作状态，时刻为客户着想，用咱们的热情和专业回复客户的每个问题，帮他们解决实际问题，咱们部门其他同事受你的感染，也会做得更好！（鼓励）

建设性反馈话术：在被辅导者做得不足的地方，提出改进的建议。可以按照BEER公式形成话术：

- □ B——行为（Behavior），对其行为或想法表现进行描述（不评论好坏）；
- □ E——影响（Effect），说出这种做法或想法产生的影响；
- □ E——期望（Expectation），明确希望他怎么做；
- □ R——结果（Result），告诉他如果行为改变，会产生什么样的正面结果。

批评被辅导者的原则：

- □ 多了解状况，尊重客观事实；

☐ 不要责骂，批评时不要伤害被辅导者的自尊与自信；

☐ 友好结束批评；

☐ 选择适当的场所；

☐ 提供方法，紧盯过程。

有时候辅导者得出的被辅导者正确或错误的结论，仅仅是一种主观判断。事情没有失败，只有有效反馈，辅导者应鼓励被辅导者吸取经验教训，以便将来做出新的改变和提升。

案例

在一次集市炒店活动[①]结束后，我对小杨每次炒店活动都迟到的情况进行了反馈。“小杨，我们这个月进行了5次炒店，你迟到了5次，今天我们的活动早上10点开始，你来的时候已经10点半了。这会影响团队成员的心情，影响炒店的效果，长此以往，会严重影响团队的氛围和业绩，也会影响你在团队中的形象和人际关系，对于你个人的成长十分不利。对此，你有什么看法呢？”我很耐心地对小杨说。

小杨看起来情绪不高，但因为我说的全部都是事实，所以他并没有反驳，看着我说道：“经理，这是我的问题，我以后注意！”

四、廓清愿景方向

1.逻辑层次模型

系统论思想告诉我们，任何系统都是另一个系统内部的子系统，而另一个系统本身，又是更大系统中的一个子系统，如此便构成了我们这个世界。爱因斯坦说过：你无法在制造问题的同一个思维层次上解决这个问题。人类学家贝特森在研究行为科学的心理机制时，以罗素的逻辑和数学理论为基础，

① 利用市场活动聚集客流，并以此提升当天货品的销量。

提出了学习和改变的五个基本的逻辑层次。

罗伯特·迪尔茨根据贝特森提出的学习和改变的逻辑层次，设计出逻辑层次模型，更加立体系统地揭示了人类思维的过程，使我们能够运用它改进人的思考范式和思维模式。逻辑层次暗合了人的大脑的神经层次（物质的）和思维层次（意识的），并将两者有机地整合起来，能够帮助个人和组织达到高度一致，迎接挑战和解决难题。罗伯特·迪尔茨的逻辑层次模型主要包含以下几要素（见图8–6）。

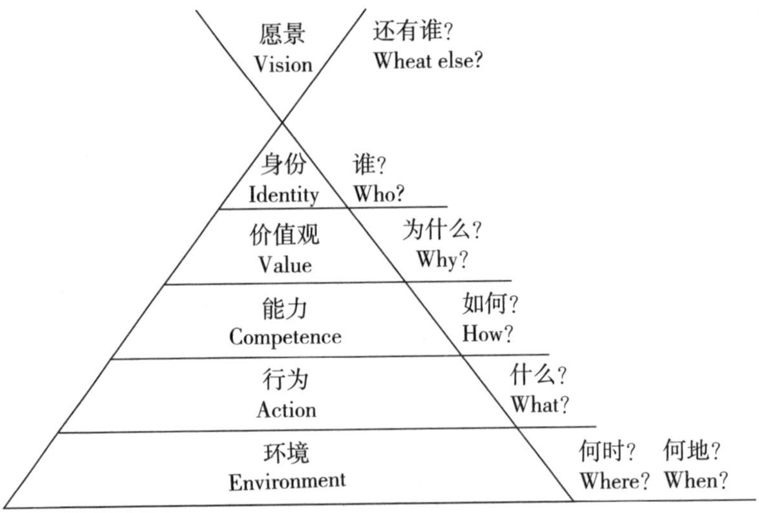

图 8–6 逻辑层次模型

环境：事情发生的时间和地点等外在情境和背景信息，更多是对事情客观的描述。相关问题：这件事情发生在什么时间和地点?

行为：日常中可以观察到的具体行动和反应。在任何时刻，人们都在通过行为有意识或无意识地践行着价值观。相关问题：我在做什么？哪些行为可以实现自己想要的？我需要采取哪些行动和步骤？我通过什么行动可以支持方案和策略的实现?

能力：完成事情所需要的知识、技能、素质以及思维、策略、方法等。

相关问题：我如何才能做成这件事？我有什么样的能力完成这件事？我需要具备什么知识、技能？我通过什么路径来达成目标？我有什么样的计划和方案？我的策略是什么？

价值观：人们秉持的真理；人们认为想要的、重要的，喜欢的、厌恶的，好的、差的，衡量事物的标准和感受；人们工作和生活遵循的基础。同时，在这个层次里，还有信念。信念不同于价值观。价值观往往是正面的、积极向上的，但人们时常被信念所阻隔，将价值观包裹起来，致使价值观无法表露在外，如此人们可能会脱离自己的价值取向，而自我却全然不知。相关问题：我为什么做这件事？这件事为什么对我这么重要？我相信这样做可以吗？这件事值得我这样做吗？

身份：处于上端，和愿景紧密相连，可以让人意识到愿景画面中自己所扮演的角色。这个层次是对自我意识的认知和定位，是个人作为生命存在的隐喻。相关问题：我是谁？我是什么样的人？在愿景实现的那个画面中，我应该做什么样的自己？

愿景：处于最顶端，不同于下面的逻辑层次，它处于个人之上，它关注的不再是个人的自我层面，而是对家庭亲人、对朋友同事、对社会他人、对国家民族、对世界宇宙等的影响。愿景是个人身份认知后的自然拓展，是人类大脑特有的视觉化未来所“看到”的景象。

逻辑层次模型的主要特点如下。

第一，空间轴：从物质形态到意识形态。

逻辑层次呈金字塔形状，下宽上尖，下闭上开；自下而上能量越来越高，自上而下逐渐具象。可以感受到，六个逻辑层次的上下之间依稀有条线串联，这条线代表什么呢？它到底蕴含着什么样的意义呢？

其实，在自然界中，物质和意识是存在的基本形态，物质性和意识性的相互结合，构成了大千世界、万事万物和芸芸众生。量子理论研究证明，存在的物质性和意识性在量子态具有同一性，这种同一性就构成了逻辑层次的空间轴。由此，以人的生活为主线，沿着从物质到精神的演变形态，人的生活就表现出一定的层次性。这种层次性是从物质到意识的阶段性概括，也是能量等级变化的逻辑性解释。

第二，时间线：从问题导向到成果导向。

如果说空间轴是较为明显的纵线，那么时间线就是暗含的横线。时间线的左端是过去，右端是未来，中间是现在。辅导者应该更关注从当前迈向未来的成果，向未来探寻资源和可能性。被辅导者在所处的当下，可能会面对困惑、挑战等现实问题，辅导者需要分析被辅导者问题所在的层次，并对其做出相应的判断。

根据空间轴能量上升原理，辅导者需要帮助被辅导者在未来的时间线上，进入更高的逻辑层次，在更高层次的能量场，也就是在那个“虚拟”的时空中产生觉察，在被辅导者的大脑中重组神经元连接并构建画面，从而使得被辅导者发现更多的可能性资源。这是一次巨大的飞跃，在短时间内就完成了时间的拉伸、空间的升高、能量的集聚、资源的拓展，完成了从现实世界到虚拟空间的穿梭，从物质形态到意识形态的转化，以及人的身心脑整合，独有创造。

第三，多维轴：从单视角到多位置。

物质世界的现实时空和大脑意识的虚拟时空之间的转换，是帮助被辅导者创造深度觉察的原理所在。但在切换过程中，如果被辅导者的视角是单一的，维度是一维的，他们对自己的认知和察觉就不全面，镜子照出的只能是他们的一侧，而不是立体扫描图像，更不是加上时间的动态“连续剧”。

引导被辅导者抽离视角看自身，无疑会帮助他们看到立体的自我。被辅导者站在第二位置，就如同站在一面镜子的正前方看自己，会发出感慨：“原来别人看我竟是这样子的呀。”被辅导者站在第三者的角度就如同坐在电影院里看电影，发现自己身上发生的故事被一览无余，会觉得自己虽然是男一号或女一号，但表现并不是太佳，自己完全可以“演”得更好些。如果再加上时间维度，被辅导者看到未来的变化，看到自己对家庭、对团队、对组织、对社会、对国家、对人类的价值，看到自己在整个历史发展中的位置，或许就会意识到自己的一个小小的改变，就可以改变历史的进程和结果。这样的过程通常会给被辅导者带来深层次的觉察，使其从更高的维度看待当下的问题，很多困惑便会自然消解掉了。

2.使命陈述模板

一个人具有了强烈的使命感，就会有持续的工作干劲和精神动力。因此，辅导者有时需要帮助被辅导者厘清角色和使命，激励其看到愿景和志向，从而激发其内在的使命感和责任感。

使命取决于个人在组织中的身份，最终服务于愿景，而个人或组织的愿景又为其使命提供指引和方向。因此，被辅导者从使命角度主要回答以下问题。

□ 能为组织或更大系统提供什么服务和支持？

□ 为实现愿景你的独特贡献是什么？

□ 为助力组织达成愿景，你需要带来什么样的资源、行动和能力？

为此，被辅导者的使命内容，应该包括以下信息。

□ 在什么样的环境里；

□ 决定投入做什么事情；

□ 具备什么样的能力才能履行这个使命；

□ 在为谁而投入；

□ 是谁；

□ 谁将因此而受益。

（1）厘清使命。

根据NLP原理，结合逻辑层次模型，辅导者可以按照角色、志向、愿景和使命的顺序，帮助被辅导者依次梳理相关内容，逐条明确使命内容，如表

8–2所示。

表8–2　角色、志向、愿景和使命

小我	大我
角色 □ 为了达到你想要的生活，你需要成为什么样的人？ □ 成为这样的人需要具备什么样的能力素质？ □ 这样的人有什么样的行为表现？	**愿景** □ 你想为这个组织带来什么价值？ □ 谁将因你的发展而受益？ □ 你成功的画面是什么样子的？
志向 □ 你想要什么样的生活？ □ 你想要达成什么样的状态？ □ 你的个人志向是什么？	**使命** □ 你能为组织或更大系统提供什么服务和支持？ □ 为实现愿景你的独特贡献是什么？ □ 为助力组织达成愿景你需要带来什么样的资源、行动和能力？

（2）陈述使命。

请被辅导者写下其完成的引以为豪的产品或服务，描述一下为什么这么自豪，回答以下关键问题。

如果这样的产品或服务更加完美一些，那又会是什么样子？你又会是什么样的状态？

如果你能够拥有资源，用一生打造这样的产品或服务，还有哪些人或组织会因此而获益？

你在这个过程中做出了什么贡献？发挥着什么样的作用？

综上，用一句话或一个短语来描述你的使命。

（3）核检使命。

对照下面的标准，看看被辅导者的使命陈述是否合适。如果可以更好的话，可以按照角色、志向、愿景和使命的顺序，请被辅导者重新考虑使命的陈述表达。

- ☐ 是否概括了关键性的使命任务？
- ☐ 是否能够启发愿景方向？
- ☐ 是否能够给所有相关利益者带来价值？
- ☐ 是否与最深层次的价值观相吻合？
- ☐ 是否与最核心的能力素质相匹配？

ORIID五大计划性问题复盘

ORIID是人的大脑思考问题的自然框架，应用十分广泛。基于此原理的五大计划性问题，组成了辅导中较为常用的发问框架，也可以作为本书每一章回顾复盘和提炼总结的方法。

回顾一下，从这一章中你的主要收获有哪些？请用ORIID五大计划性问题对本章的内容进行结构化的提炼总结（见图8-7）。

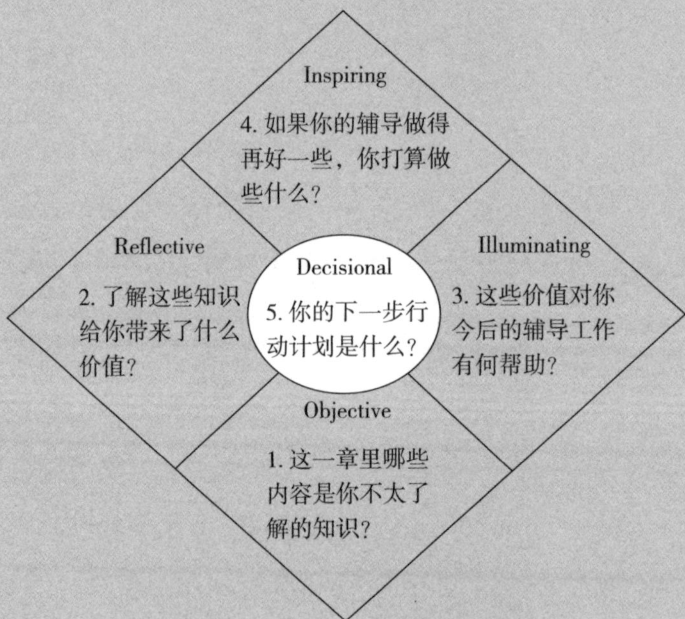

图8-7　ORIID 五大计划性问题

本章小结

本章从被辅导者的视角出发，围绕其面临的角色不明、关系冲突、意义缺失和愿景混沌四大类问题，提出了许多种辅导工具，以支持辅导者通过沟通，帮助被辅导者厘清角色定位、创造信任关系、沟通工作意义和廓清愿景方向。

第四部分

愿景与目标

通过愿景管理注意力就是创造专注。

——沃伦·本尼斯

第九章 设定辅导目标

一、明确辅导目标

目标是某个时期当事人想要的东西，是理想的结果。目标可以是有形的，如环境的改善、行为的变化、技能的提升等；也可以是无形的，如信念的转变、价值观的调整、身份的重新定义以及愿景的重塑等。从神经科学和心理学上讲，人一旦有了明确的目标，大脑的网状激活系统就会行动起来，就会专注于寻找和选择相关的信息，主动高效地从大量的有效信息中进行筛选，从而帮助人们真正实现目标。艾米·布兰在《教练的大脑：基于神经科学的思维训练》中梳理了相应的行动和能力，它们可以促进目标的实现。

- □ 制订目标；
- □ 创造性思维；
- □ 实现目标的规划；
- □ 可视化目标以及实现目标的步骤；
- □ 注意和相关提示的影响（有意识和无意识的锚定、启动和推动）；
- □ 意志力训练和自我控制；
- □ 良好的行为习惯；
- □ 过程管理和调整；
- □ 内部干扰抑制；
- □ 采取行动。

所以，辅导中一旦确定相应的目标，辅导双方就会调用网络，激活系统，朝着相应的方向努力，提升辅导的质量，促进目标的达成。明确目标对于辅导的好处还包括：

- □ 为满足被辅导者的需求提供清晰的思路；

□ 将被辅导者想要的或辅导者想传递的内容，形成具体的目标；

□ 辅导双方可以快速达成一致并形成共识；

□ 辅导双方都有明确清晰的努力方向；

□ 避免时间上的浪费，提高辅导的效率；

□ 目标一旦确定，辅导的内容可以快速确定和形成；

□ 为接下来的辅导实践提供了指向。

辅导者传递的内容，既包括诸如岗位职责、工作任务等硬任务，也包括人际关系、融入企业文化、自我认知等软任务。具体传递的内容性质和形式，根据辅导者的角色和被辅导者的需求来确定。一名经理人关注的是员工的绩效，辅导的内容更多侧重于当下的任务完成。一名企业导师关注的是徒弟的职业发展，工作任务和软性技能都会辅导。一名企业教练更多是通过提问的方式，启发被辅导者自我发现、自我探索，很少直接告知某项工作任务如何完成。

目标是辅导的方向和指南，缺少清晰的目标，会直接影响辅导和学习的效果，甚至会直接导致辅导项目的失败。现实中，被辅导者对辅导期结束后应达到的职业技能和组织需求并不清楚，对胜任岗位应该具备的知识、技术和能力往往并没有清晰的认知，所以需要给他们准确的方向作为指引。

同时，辅导者往往是某岗位的一线管理者或业务专家，聚焦于本部门或岗位的专业要求，他们对组织的期望、岗位的要求，也未必是清楚的。即使了解些，其掌握的解决某类问题的方法，也未必是高效和可复制的。所以，制订清晰明确的辅导目标，是辅导项目成功的关键。

二、撰写辅导目标

1. 辅导目标

辅导目标是经过一段时间辅导后，被辅导者能够独立操作或演示某项目，能够完全满足本岗位所需要的知识、技术、能力的要求。辅导目标旨在满足被辅导者的需求，而需求有业务需求、绩效需求、能力需求等层次划分，因此，辅导的目标也应该具有一定的层次性。根据需求分析和辅导系统的特征，我们把辅导目标分为成果目标、绩效目标和学习目标。

（1）成果目标。

成果目标是基于被辅导者的长期成长需求而设立的，是能够激励他们获得更大发展动机的远期目标，比如获得奥运金牌、成为技能大师、成为销售冠军、获得职务晋升等。由于成果目标的长期性，一般需要项目化辅导的方式，在相对较长的时间里，持续推进辅导规划、跟进、复盘和管理，将若干次的辅导和改变凝结成完整的辅导项目链条，从而帮助被辅导者达到想要的成果目标。

（2）绩效目标。

绩效是人的行为及其行为产生的结果，是被辅导者完成某项任务所需要的行为，还有此行为带来的工作结果。所以绩效目标为被辅导者明确了具体的工作目标和行为标准，指明了清晰的工作方向和行为方式。比如一名文秘人员经过一段时间的辅导后，熟练掌握了5种格式的公文的写法，语句的错误率降低了30%等。

（3）学习目标。

学习目标指的是本次辅导所要达成的知识、技术和能力提升的短期效果，也就是被辅导者在辅导结束的时候，学习到什么知识、什么技术以及发生了什么样的态度转变。比如学会了电话销售的流程步骤、新产品的性能特点、健身的技能动作等。

三类目标的划分帮助被辅导者认识到辅导既可以是一次性的对话交流，用来获得知识、技能、能力上的提升，也可以是中期的可见的行为变化的绩效改进，还可以是长期的由内而外的全面性的改变与成长。

2.辅导目标的SMARTER原则

辅导目标的设定，需要综合考虑被辅导者的需要、组织的期望、领导者的要求和辅导者的经验等多种因素。但核心指向被辅导者的学习和发展，辅导目标的制订需要遵循SMARTER原则。

（1）S：Specific（具体的）。

具体的目标不仅可以让辅导者知道辅导什么、怎么辅导，达到什么程度才是好的辅导，还能够让被辅导者知道自己需要学习什么、如何习得，学习到什么程度就能够掌握。具体的目标的好处在于，辅导双方可以快速达成协同一致，让辅导的效率更高。比如，在目标的描述中有在什么时间，做了什么行为，达到什么程度才可以实现等。

（2）M：Measurable（可衡量的）。

这一原则的要求和上面的相一致，确保目标是客观的、可以测量出来的，最好有可获取的数据或证据能够加以证明。比如，目标如果是“获得事业的成功”，纵然是好的、明确的，但怎么才能衡量出来呢？赚了多少钱，职位达到了多高的级别，有了自己的公司，哪个才算是事业成功呢？

（3）A：Agreeable（一致同意的）。

辅导目标并不是辅导者的一厢情愿，也不是组织方面的强行要求，而是应转化为被辅导者“我想要的”目标。只有目标经过了被辅导者的认同，他们才会有动机去探索、发现和解决，才会有持久的动力去执行，才会使目标变成一个个具体的行动，并最终实现它。所以，辅导者需要做关于目标的沟通和确认，运用提问、反馈等技巧使目标成为被辅导者自己渴望拥有的。目标只有成为被辅导者自己的，才能真正称为目标。

（4）R：Realistic（可达成的）。

研究表明，最有激励效果的目标是辅导双方都认为可以达成的。虽然有时目标具有一定的挑战性，但只要双方认为其是有可能达成的，就会把注意力和资源向目标聚焦，就会跨越面临的阻碍，化解遇到的困难。辅导者可以采用横向比较的方式，让被辅导者看到同类任务上成功完成的目标；也可以探寻过去的成功经验或体验，有类似的做法和体验做参考，被辅导者便会认为目标也是可以达成的。

（5）T：Time-bound（有时间期限的）。

通常辅导都是有一定期限的，没有期限的目标就难以聚焦，很难被清晰描述出来。辅导期的长短直接决定了目标的高低，一般时间越长目标就会越高，时间短目标相对也会低一些。比如，一项技能的熟练程度通常和时间成正比，1年的绩效标准和3年的绩效标准有着明显的差别。所以，辅导者一开始辅导他人的时候，就要明确被辅导者某个方面的学习时长，而后以终为始地确定辅导的具体内容。

（6）E：Ecological（系统平衡的）。

这一原则指的是被辅导者的各种计划、行动、后果等要平衡，如工作与生活不能冲突，自己的行为不能对于团队、对于其他人造成不利影响，不能对组织、对社会、对国家以及更大系统环境造成干扰或危害等。所以，如果辅导目标会对其他环节或领域产生重大消极后果，那就破坏了系统平衡，就需要辅导双方调整新的目标，寻求新的平衡。

（7）R：Resourceful（有资源的）。

实现辅导目标，需要一定的资源支持。这些资源可以是组织者或辅导者给予的，比如说学习的场所、时间的保证等；也可以是被辅导者内在具备的，与其特质有关的，比如信心、勇气、决心、投入度、敬业度、专注度等，这些都是完成辅导目标的内在支持，而且深层次的资源更为重要，影响更为持久，更值得激发和挖掘。

案例

符合SMARTER原则的学习目标、绩效目标和成果目标

软件助理维护工程师

通过本次辅导，学员重点学习如何解答客户问题，如何制订处理问题的方案，3个月后学员接听电话过程中无投诉现象，每日正常通话超过40个，

能够及时回复问题并提供方案。

电气工程师岗位

6个月的辅导期后，学员通过使用诊断工具、分析软件，参考经验文件、技术方案，最终能够独立完成电气故障诊断和机组运行数据分析，并独立编写、完成相关经验类的文档报告。

某集团公司项目目标

集团公司通过实施职业导师制，使新员工能够快速适应公司文化，缩短新员工的成长周期，减少新员工的离职率，确保新员工的稳定性，创建积极正向的辅导文化。

3.设定辅导目标

教育心理学家罗伯特·梅格，提出了环境、行为、标准的目标三部曲，这是组织学习行为中极为常见的方法。后来人们在此基础上，创建了撰写好目标的ABCD公式：

目标=辅导对象+行为条件+行为动词（行为方式）+程度水平

这个公式用一句话呈现就是：什么人将会在什么情况下做或说什么事情到什么程度或结果。这句话中包括四大要素，简称为ABCD。

A：Audience（辅导对象），明确辅导对象是谁，谁在接受辅导。

B：Behavior（行为动词），明确辅导对象会做什么，他需要有什么行为表现。通过使用正向的、积极的行为动词，界定辅导对象在辅导结束后展现出的具体的、清晰的、可操作的、可视的行为变化。

C：Condition（行为条件），说明辅导对象的上述行为和成果在什么条件下会发生，包括在什么时间、什么地点、什么背景等。

D：Degree（程度水平），说明辅导对象的行为表现会达成什么结果，基本标准是什么，明确学习成果的准确性、熟练性或一致性。

可以按照下面的公式进行套写：

________（谁，可以省略），在__________（时间），在_________（条件下），能够________________（行为表现1），________________（行为表现2），……，达成________________________________（结果）。

案例

营业厅店员，在上任的第一年，在不参考材料的情况下，能够流利地向客户讲解各类手机套餐的功能，能够向客户主动销售套餐，达成不少于200万元的年销售额，被客户投诉次数不多于3次。

本例中的A（辅导对象）是“营业厅店员”，B（行为动词）是“讲解”和“销售”，C（行为条件）为“在不参考材料的情况下”，D（程度水平）为“达成不少于200万元的年销售额和被客户投诉次数不多于3次”。

运用ABCD法撰写的辅导目标，不仅能描述被辅导者的胜任结果，同时能表达出行为层面需要执行哪些“关键动作”才可能达成胜任结果。因此，撰写目标时，至少需要写明“行为+结果”。例如：

□ 掌握四大主题集市的定位、开发流程和需求处理流程；

□ 能够协助客户经理完成贷款报告的撰写；

□ 学会分析问题的重要性，优先处理紧急问题。

三、分析辅导任务

20世纪末，德国不来梅大学技术与教育研究所劳耐尔教授组织的专家研究团队，在与大众公司合作过程中，着眼于机电一体化汽车维修课程的改造，经过持续改进形成完善了BAG（德文Berufliche Arbeitsaufgaben的缩写）开发技术，即典型工作任务分析法。

BAG技术的优势非常明显，它不仅重视外在的行为层面的可视部分，还注重能力的深层内隐过程，用此技术开发出来的课程内容和辅导内容更具有可复制性，便于被辅导者学习模仿，达到预定的辅导目标。范博等人在《BAG与DACUM[①]课程开发技术比较研究》一文中对BAG技术的评价如下。

BAG开发技术超越DACUM开发技术的重要方面就是重视能力的内隐性，认为“能力是内隐的、深层的、过程性的，哪怕是最简单的一个行动，也是以理性为基础的”。BAG开发技术采用工作要素处理法对能力进行转化，将能力融解于承载工作要素(工作对象、工作方法、工具、劳动组织和工作要求)的行动中，囊括了隐性能力及默会的知识和技能。此外，BAG技术的能力观还有两个维度：其一，从职业能力的内容角度将能力划分为方法能力、社会能力和专业能力，“这是德国特有的一种职业能力分类理论，反映了德国职业能力理论的整体性、综合性”；其二，职业能力发展阶段理论，即由低到高依次为初学者、高级初学者、有能力者、熟练者和专家五个阶段。毋庸置疑，德国对职业能力的理解拓展了学界的视角。

同时，BAG技术的应用绝不仅限于课程开发领域，基于BAG技术的优势和特点，在辅导任务分析上，我们引入了该技术，并对此进行了改造，形成了“工作任务—工作职责—任务—子任务—关键任务”的辅导任务分析技术。

1.明确工作任务

工作任务指组织中从事的工作类别，是一段时间内需要完成的一个或一组任务。如新员工加入公司后，定岗到某区负责该区域代理商管理，岗位名称叫渠道经理；负责运用电商平台运营和销售产品，岗位的名称叫电商店长。

① 英文 Developing A Curriculum 的缩写，指课程开发。

2.划分工作职责

将工作任务分为若干工作职责时，也即意味着明确工作中所负责的范围和所承担的相应责任，包括完成效果等。如渠道经理的工作职责为终端陈列展示、营业主推、做好渠道广告与助销、市场信息收集与反馈等；电商店长的工作职责为运营、客服、美工、推广等；人力资源管理的工作职责为人力资源规划、招聘与甄选、培训与发展、薪酬福利、绩效管理、劳资关系管理等；银行客户经理的工作职责为联系客户、开发客户、营销产品、内部协调等。

由此可以看出，“完整工作流=模块1+模块2+模块3”；每个“模块”都是完整的，包括输入、过程、对象、输出；一般会有“持续性动词”用于描述，如设计、规划、整理、开发。

因此，被辅导者所在的岗位就是我们进行工作分析的对象，也是进行工作职责划分的对象。实践中，我们建议，一般岗位的工作职责以不超过5个为宜。

3.分解任务与子任务

在业务场景下，每一个工作职责都是由很多任务构成的。对任务的描述，我们可以按照“谁（可省略）+用什么工具+做什么事情+得到什么结果”的公式进行。简要描述的时候，可参考如下公式：“动词（可衡量的行为动词，如设计、测试）+宾语”。比如：（店长）每周盘点周销售数据并向上司汇报。

一些任务可能是很宽泛的，又可以分解为很多子任务。辅导场景下，双方期望对每一个动作和知识要点进行辅导和学习，有时仅仅分解到任务的层面，还是比较粗糙，理想状态是分解到具体的动作和知识点。因此，宽泛的任务需要再分解成子任务。子任务需要再分解为具体的动作和知识点。子任务是完成任务需要执行的若干动作的族群，一般要用“动词+宾语”来描述，例如：“（店长）每周五撰写工作汇报，当晚发送给区域经理”是“（店长）每周盘点周销售数据并向上司汇报”的一项子任务。

任务分解是要遵循一定顺序的。任务排列得好，符合辅导和学习的认知规律，就会便于后期的学习转化。任务分解可参照以下顺序。

（1）工作任务执行的先后顺序。

如某企业“推进项目进程”任务，其子任务就包括探讨具体需求、制订签单计划、制作具体方案及合理报价和商务谈判及签约等。

（2）重要性顺序。

如某企业“商机分析”任务，其子任务分为明确关键人及决策链、摸清客户具体需求及痛点、厘清竞争情况等。

（3）空间顺序。

如某企业“检查设备”任务，其子任务包括检查自动化设备状态是否正常、检查气源类仪表指针是否正常、检查自动工位有无漏气漏水等，这是按照空间顺序排序的。

（4）影响力顺序。

如“评估风险”任务，其子任务分为评估人员风险、评估成本风险、评估资源风险、评估硬件和采购周期风险、评估售前方案风险、评估软件解决方案风险、评估硬件选型风险，以及完善风险等级手册及应对方案等。

（5）问题解决流程。

如“产品营销”任务的子任务有确定目标客户、熟练运用营销话术、按客户需求匹配产品、准备资料清单、邀约客户柜台办理、跟踪产品办理进度、回访客户，这是一个完整的PDCA循环①。

① 又称戴明环，即Plan（计划）、Do（执行）、Check（检查）和Act（处理）。

（6）时间的先后顺序。

如某企业“确认需求”任务，其子任务分为整理原始数据、罗列需求点、用邮件与客户确认需求、与客户商定沟通机制和告知售前变更情况等。

4.确认关键任务

一个工作任务由多个任务和子任务组成，有的甚至超过了100个。但在辅导场景下，是不是都需要采用辅导的方式让被辅导者掌握所有要点呢？从达成辅导的目标来说，其实只要抓住关键任务即可，一些非关键性的任务，可以通过阅读相关资料、观看微课等方式完成。从培养人的角度看，有针对性地在某些关键任务方面展开辅导，就能够确保被辅导者胜任该岗位、提升其绩效。

因此，我们只要从众多的任务、子任务中，确定出哪些是关键任务，并进行辅导，就能达到预先确定的辅导目标。

关键任务的确定，需要综合考虑完成这些任务的四个要素。

FR：Frequency（出现频率），每项任务在工作中的出现频率。对于这个岗位来讲，和其他任务相比，出现的次数如何。

LD：Learning Difficulty（困难程度），学习每项任务的要点的困难程度，即被辅导者掌握相应技能的难度。

IM：Importance（重要性），每项任务在工作中的重要性，关键任务通常是和业务挂钩以及与KPI[①]紧密相关的任务。

JE：Job Experience（被辅导者自身经验），被辅导者在每项工作任务中的经验水平等。

为表示辅导任务的先后顺序，我们引入PR（Priority，优先排序）的概念。明确每项任务在辅导内容中的优先顺序，主要指的是明确哪个模块需要被辅导者花的精力更多。

---

① 关键绩效指标。

FR、*LD*和*IM*对*PR*有正向影响，也就是说在工作中出现频率越高、掌握这个技能的难度越大、对业务和KPI越重要的任务，它的排序就越靠前，*PR*就越大。

*JE*对*PR*的影响是负的，被辅导者自身的经验越多，完成该学习任务越容易，*PR*就越小；自身经验越少，甚至完全不懂，完成该学习任务就越难，*PR*就越大。

基于此，我们可以得出这样的模型：

$PR = FR + LD + IM - 3JE$

优先排序 = 出现频率 + 困难程度 + 重要性 −3 × 被辅导者自身经验

为更好地判断出关键任务，我们通过对这四个要素进行相对值评判，可将其分成四个等级：$H^+=3$，H=2，M=1，L=0。分值为0同样具有意义：*FR*=0，表示这个任务不怎么出现；*LD*=0，表示学习任务非常容易，被辅导者已经掌握相关技能，不需要再学习；*IM*=0，表示该任务在工作中不重要，可有可无；*JE*=0表示面对这个任务，被辅导者完全不懂，一无所知。

由此，我们可以对影响任务的*FR*、*LD*、*IM*和*JE*分别进行相对值打分，计算后得出的分值就是*PR*的相对值，相对值的大小体现了辅导任务的先后顺序，也就是排序结果（见表9–1）。

表9–1　关键任务的判断标准

<table>
<tr><td rowspan="2">FR</td><td colspan="4">每项任务在工作中的出现频率</td></tr>
<tr><td>H⁺</td><td>H</td><td>M</td><td>L</td></tr>
<tr><td rowspan="2">LD</td><td colspan="4">学习每项任务的要点的困难程度</td></tr>
<tr><td>H⁺</td><td>H</td><td>M</td><td>L</td></tr>
<tr><td rowspan="2">IM</td><td colspan="4">每项任务在工作中的重要性</td></tr>
<tr><td>H⁺</td><td>H</td><td>M</td><td>L</td></tr>
<tr><td rowspan="2">JE</td><td colspan="4">被辅导者在每项工作任务中的经验水平</td></tr>
<tr><td>H⁺</td><td>H</td><td>M</td><td>L</td></tr>
<tr><td>PR</td><td colspan="4">每项任务在学习内容中的优先顺序</td></tr>
</table>

值得注意的是，*FR*、*LD*、*IM*分别表示的是被辅导者所在岗位对辅导任务的客观要求。而仅仅考虑静态的岗位因素还不够，还要对被辅导者情况进行分析，了解他们自身的经验对辅导任务的影响，也就是充分考虑被辅导者的主观因素。同时，他们的经验情况会对频率、难度、重要性等客观因素产生反作用，公式中需要“$3\times JE$”做抵销处理，保证优先排序的相对值比较客观准确。

在运用上面的公式时我们需要注意：

□ 最高分是9，最低分是–9；

□ 被辅导者在接受辅导前的经验一般为0或1，如果是3的话就不需要辅导了；

□ 一般将1分以上的子任务或任务界定为关键任务，当然需要考虑具体的情况进行区别对待；

□ 在撰写和界定关键任务时，应该考虑如果执行这项任务，需要用到哪些工具、与哪些人产生互动、对周围的环境有什么要求等问题；

□ 每个工作职责下的关键任务一般不超过7个。

我们可以拿家庭中已婚男士这个“岗位”来举例。经过分析，该岗位主要有三个工作职责：挣钱、养家和带娃。每一项工作职责都由很多任务组成，以养家这个工作职责为例，可以分成孝敬父母、照顾兄弟姐妹、尊重疼爱妻子、疼爱孩子等任务。但这些任务，内容还是比较宽泛，既不方便实施，也不便于评估，需要对其进行再分解。如果以孝敬父母为例，又可分为每周打电话、定期给零花钱、每年探望父母等子任务。这个时候，我们发现每一个子任务都是具体的动作，便于实施和评估。

按照这样的逻辑分解，我们会发现有数十项子任务，我们在辅导“如何做一个好老公”这个议题时，完全不需要对每一个子任务都进行辅导，有些子任务自学即可完成。我们曾对子任务进行关键任务（优先）判断，对频率、难度、重要性和经验一一比对打分，最后得到每周打电话、定期给零花钱得分为1分以下，每年探望父母为5分，显然“每年探望父母”这一子任务为关键任务，需要重点辅导如何才能做到。"4次探望"就是已婚男士这个岗位的关键任务（见图9–1）。

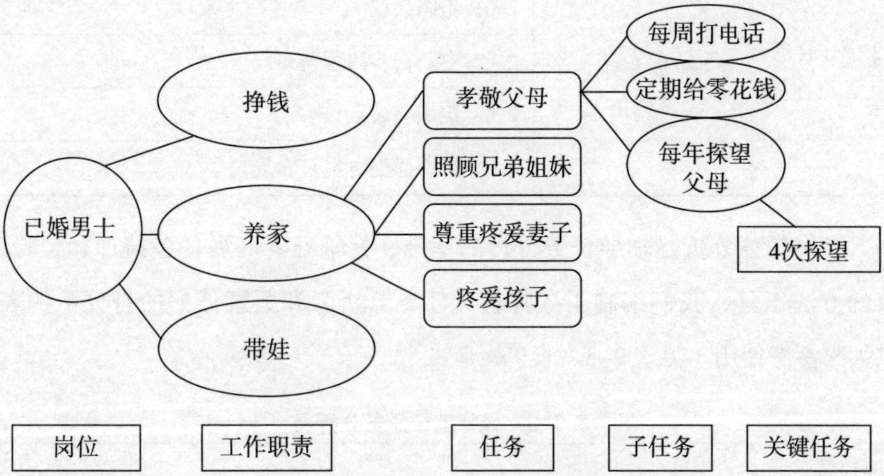

图 9–1　已婚男士工作任务分析

我们再以某企业技术岗位为例，对其进行任务分析，结果如表9–2所示。

表9–2　某企业技术岗位任务分析

工作职责	关键任务	子任务
1.确定产品关键控制点清单	1.1 整理信息	1.1.1 收集图纸
		1.1.2 收集CCSC（中国船级社质量认证公司）清单
		1.1.3 收集DFMEA（设计失效模式与影响分析）
		1.1.4 收集类似产品的资料
	1.2 团队交流	1.2.1 组织会议
		1.2.2 样件试装
	1.3 完成清单	1.3.1 记录签字认可
2.制作合理工艺流程及布局	2.1 整理信息	2.1.1 收集客户预测年产量
		2.1.2 收集产品配置信息
		2.1.3 收集图纸并理解
	2.2 产线初步规划	2.2.1 计算
		2.2.2 初步流程分析
		2.2.3 初步布局

续表

工作职责	关键任务	子任务
2.制作合理工艺流程及布局	2.3 初步方案讨论及修正	2.3.1 组织会议
		2.3.2 更新初步流程及布局
		2.3.3 组织会议
		2.3.4 讨论详细方案及布局

工作任务分析是辅导任务分析的基础，是辅导者开展任务梳理和经验萃取的方法工具，我们编制了导师辅导任务分析表和关键任务的打分示例表，供大家参考使用（见表9–3、表9–4）。

表9–3　导师辅导任务分析表

岗位名称	运营柜员	
辅导期目标	经过6个月的辅导，运营柜员能根据标准流程参考业务规范独立办理业务，质量检测差错率不高于分行平均值，有责投诉不多于1次，营销转介完成分行下达指标	
辅导周期	6个月	
工作职责	编号	关键任务
运营作业	1	掌握日常业务要点
	2	知晓质量记录要求
	3	处理运营柜面业务疑难问题
	4	微机录入
	5	点钞识假
	6	翻打传票
	7	熟记常用业务代码、搭建个性化工作平台
	8	熟悉核心系统界面操作
	9	学习风险案例，提升新员工风险防范意识
	10	防范质量监测差错
	11	防范远程授权退单
	12	防范现金长短款差错

续表

工作职责	编号	关键任务
服务客户	13	班前检查仪容仪表
	14	演练标准服务话语和手势
	15	安抚客户情绪
	16	了解客户投诉原因
	17	向相关人员寻求帮助，解决客户投诉
营销转介	18	捕捉叫号单上的信息
	19	观察客户的言谈举止和穿着
	20	了解客户资金使用情况
	21	快速学习新的基础产品
	22	识别和激发客户需求
	23	促成产品销售

表9-4　关键任务的打分示例表

<table>
<tr><td colspan="2">岗位名称</td><td colspan="6">初级综合岗柜员</td></tr>
<tr><td colspan="2">辅导期目标</td><td colspan="6">经过半年的辅导，初级综合岗柜员能够独立完成柜面基础业务，质量差错率不超过分行基准值，技能水平、服务水平达到上岗标准，不产生有责投诉</td></tr>
<tr><td colspan="2">辅导周期</td><td colspan="6">6个月</td></tr>
<tr><td>职责</td><td>任务</td><td>子任务</td><td>重要性（0~3分）</td><td>难度（0~3分）</td><td>频率（0~3分）</td><td>经验（0~3分）</td><td>得分（分）</td></tr>
<tr><td rowspan="7">客户服务</td><td rowspan="4">1.学习服务标准</td><td>1.1 学习仪容仪表规范</td><td>2</td><td>1</td><td>3</td><td>0</td><td>6</td></tr>
<tr><td>1.2 学习行为举止规范</td><td>3</td><td>2</td><td>3</td><td>0</td><td>8</td></tr>
<tr><td>1.3 学习服务流程标准</td><td>2</td><td>1</td><td>3</td><td>0</td><td>6</td></tr>
<tr><td>1.4 学习服务标准话术</td><td>3</td><td>2</td><td>3</td><td>0</td><td>8</td></tr>
<tr><td rowspan="3">2.做好班前准备</td><td>2.1 整理仪容仪表</td><td>2</td><td>1</td><td>3</td><td>0</td><td>6</td></tr>
<tr><td>2.2 检查服务设备</td><td>3</td><td>1</td><td>1</td><td>0</td><td>5</td></tr>
<tr><td>2.3 晨会服务演练</td><td>1</td><td>2</td><td>1</td><td>0</td><td>4</td></tr>
</table>

续表

职责	任务	子任务	重要性（0~3分）	难度（0~3分）	频率（0~3分）	经验（0~3分）	得分（分）
客户服务	3. 开展日常客户服务	3.1 迎接客户	2	1	3	0	6
		3.2 了解客户需求	3	3	3	0	9
		3.3 业务办理	3	3	3	0	9
		3.4 服务宣导	2	2	2	0	6
		3.5 礼貌送别客户	2	1	3	0	6
		3.6 做好内部服务协调	3	3	3	0	9
	4. 客户服务总结	4.1 分享疑难问题处理	3	3	2	0	8
		4.2 总结服务不足	2	2	2	0	6
		4.3 参加服务提升培训	2	3	1	0	6

四、传递辅导内容

辅导计划制订出来后，关键的辅导任务和子任务就成了辅导的内容，基于目标的辅导任务清单推进辅导计划的实施，便可保证辅导目标的达成。但这些只是显性的任务清单，如果辅导者仅仅按照这个清单实施辅导，还停留在内容的表层，辅导者作为专家的更为宝贵的隐性经验部分就没有被充分开发和利用。为此，我们需要在此基础上，进一步探索和发现辅导的隐性经验。

1. 场景式推理辅导法

按照神经科学领导力学院（NeuroLeadership Institute）的冰山模型（见图9-2），人的感觉、洞察力和思维习惯处于冰山之下，属于隐性经验的部分。脑神经科学实验证明，隐性经验和知识、技能、行为等显性经验在大脑中存储的位置不同，提取的方式和难度也有很大差异。

美国心理学家罗伊认为，某一方面的业务专家，往往在以下几个方面和

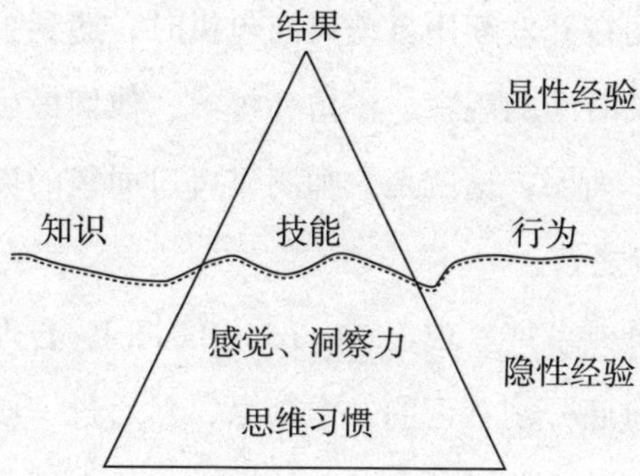

图 9-2　冰山模型

其他人不同。

第一，难以表达的技能（Know-How）。很多技能人们是可以直接观察到的，也可以用语言描述清楚，甚至有些企业将其梳理成SOP（标准操作程序）手册，作为组织知识在企业内复制和传承。但还有一部分技能，依附在某些专家身上，很难总结提炼，更难输出为可供学习的文本材料。遇到急难险重的特殊情境，这些大专家亲自上阵，总能化险为夷、妙手回春、轻松化解。可以看出，这些技能是隐性的，需要长时间的实践沉淀，需要一定的思考才能习得。

第二，心智模式（Mental Models）。如果说难以表达的技能位于冰山之下相对比较浅的部分，那么心智模式的位置则更深一些。从某种意义上说，“心智模式”是一种思维定式，是人们认识事物的方法和习惯。当人们的心智模式与事物发展规律相符时，就能有效地指导行动；反之，当心智模式与事物发展规律不相符，好的想法将无法实现。所以，辅导者需要认知自己的心智模式，善于调整自我，看到自己的长处和不足、优势与劣势；同时，也需要认知被辅导者的心智模式，因材施教，有针对性地调整以匹配不同类型的被辅导者。

第三，处理问题的方式（Ways of Approaching Problems）。人们经常说“条条大路通罗马”，但去往罗马的众多途径中总有远有近，到达罗马的时间也有早有晚。专家和其他人处理问题的方式相比，如同“罗马之路”，总能更精准、更快速、更有效。知识管理大师野中郁次郎在《创造知识的企业》中提到过，松下电器公司在开发家用自动烤面包机时，遇到了如何将揉面过程机械化的难题，经过长时间的观察、模仿和练习，他们最后发现面包大师不仅拉伸而且还“搓捻”面团，这就是大师制作可口面包的奥秘所在，也是不同于其他面包师的独特之处。

第四，通过场景或事件呈现（Scenario-Based）。心理学家曾做过这样的实验：人在陆地和海底分别背记同一个信息，然后过一段时间，测试记忆的效果。实验发现：在陆地背记的人，陆地上回忆比在海底里更容易；在海底背记的人，海底里回忆比在陆地上回忆更容易。专家在提取记忆的时候，之所以比普通人要快且准确，是因为他们采取场景化或事件型回忆。这种信息提取方式的好处是，场景或事件有很多的线索，可以帮助人们快速地联想和回忆，从而更加精准地提取信息，也就是我们看到的专家的“不同之处”。

和专家相比，被辅导者作为学习者，面对新的学习模块，往往存在着一些问题和难点，常见的主要有以下7个方面：

- ☐ 缺乏对经验的反思，短视；
- ☐ “只见树木，不见森林”，看问题不全面；
- ☐ 容易遗漏细节；
- ☐ 固执、僵化，不够灵活变通；
- ☐ 定式思维，缺乏创新创意；
- ☐ 惯性做事，自我调整欠缺；
- ☐ 对异常状况的出现缺乏预判。

与上面7个方面的被辅导者常见的问题和难点相对应，辅导者作为专家时，也有区别于被辅导者的7个方面的能力（见表9-5）。在真实的辅导场景下，辅导者可以从这7个维度提取自己过往的思维模式，将隐藏在自己身上的经验显性化，形成可复制可传承的知识。

表9-5 辅导者的思维模式与被辅导者问题难点对应

序号	辅导者7个维度的思维模式	被辅导者存在的问题和难点
1	反思力和预测力	缺乏对经验的反思，短视
2	全局观	“只见树木，不见森林”，看问题不全面
3	细节洞察力	容易遗漏细节
4	整合现有资源的能力	固执、僵化，不够灵活变通
5	创新能力	定式思维，缺乏创新创意
6	自我调整与控制力	惯性做事，自我调整欠缺
7	发现问题和解决问题的能力	对异常状况的出现缺乏预判

（1）反思力和预测力。

反思力和预测力关注的是过去与未来，指的是辅导者作为专家是如何反思过去的经历，预测未来的心理活动过程。一般的辅导者有明显的反思力和预测力。在辅导时，你可以这样问自己：

“如果让我再回头思考这段经历，用一句话来概括，它是什么？”

“如果在当时的情况下，没有按照第一种方案执行，可能现在的状况是什么？我后悔吗？为什么？”

（2）全局观。

全局观关注的是全局和关系，被辅导者有可能仅看到片段，只见树木，不见森林，而辅导者作为专家通常能观察到整体，可以思考每项要素的不同，以及要素之间是如何彼此影响的。在特定辅导场景下，你可能会问自己：“如果让我描述这个项目的整体解决框架，它是什么？这里面必不可少的要素是什么？”

（3）细节洞察力。

细节洞察力关注不易发现的细节，指的是专家比一般被辅导者更能察觉到隐藏的线索，以及观察到背后更有深刻含义的状态。比如：“其他人没有发现的不同，你有没有发现过？”

（4）整合现有资源的能力。

这种能力追求高效便捷，指的是辅导者可以将若干工作有效地组合，使工作更有效率。不浪费时间与资源，但也不会因此而简化工作。比如："当我执行这个工作时，有哪些事半功倍的方法？我当时是如何想到的呢？"

（5）创新能力。

这种能力讲究创意创新，指的是辅导者有能力且能适应具有创意性的工作，并能够快速判断这些创意能够成功。比如："可否举一个巧妙地应用了新奇的创意，改善了工作效率的例子？"

（6）自我调整与控制力。

这种能力能做到及时纠偏，指的是辅导者很清楚自己的绩效，他们会自我反省和自我纠正，快速调整达成标准。比如："当我在压力、挫折或工作负荷过重的情况下，我是怎么快速调整自己的工作状态的？"

（7）发现问题和解决问题的能力。

发现问题和解决问题，指的是辅导者能快速发现异常的事件或状况，而被辅导者不容易发现这些异常状况。比如："我要举一个例子，说明我是如何在工作中发现异常状况的，是如何发现这个环节被遗漏的。"

一次卓越的辅导过程是辅导双方互相启发、协同共舞的过程，被辅导者感觉学习得很"过瘾"，知识被吸收、技能被习得、能力有提升、思维有拓展；辅导双方备受对方的启发，过去的闪光时刻得以回想重现，未来的思考研判得以延展丰富。这样的辅导，是经验智慧不断涌现的过程，是辅导者从隐性到显性的外化过程，更是被辅导者内化的学习过程。我们将其称为场景式推理的辅导方法。

案例

某企业客户经理在辅导"方案洽谈及更新确认"这一关键任务时，运用场景式推理的辅导方法，对照"自我调整与控制力"这一维度，在详细梳理时发现，被辅导者在会议过程中，不知道如何有力控场，带领客户完整高效地理解方案内容。为此他们提出了“在与客户进行方案洽谈前，尤其是现场洽谈前，进行完整方案洽谈预演”的解决方案，并制订了以下具体步骤。

第一，提前了解与会人员信息，预判客户的关注重点，做好会议流程的安排梳理，整理好会议目标（期望会议输出的结果）。

第二，从最开始的进门打招呼到整体方案的讲解（包括重点、难点、易错点的讲解），从客户可能提出的疑问到最终的会议总结，按照会议流程的计划安排进行一次或多次预演。

第三，针对自己在预演过程中经常遗忘或者不自信的地方，进行记录，在实际方案洽谈时，可参考该记录，避免正式洽谈时遗漏；针对自己在预演过程中遇到的不确定的技术点，需及时跟技术人员二次确认。

2.单项关键任务辅导法

我们在《四元八步・脑友好型课程设计》一书中，曾详细介绍过本杰明・布鲁姆六层级学习目标分类，以及安德森团队在此基础上发展的“知识结果”和“认知过程”两个维度的学习目标框架，这些理论被誉为教育和学习技术领域的划时代事件。

根据这一目标框架，辅导也可以分别从认知过程和知识结果的维度来进行分析，从而梳理出更深的辅导内容。让我们先从认知过程看，被辅导者学习成长的路径遵循如下六个方面的维度。

第一，记住。被辅导者为了完成这项任务，需要记住什么？例如，回款率、点击率、转化率、直通车等相关的专业名词、概念以及一些规则流程等。这和前文提到的向导角色的辅导者，传递的是知识与信息相对应。

第二，理解。被辅导者为了完成某项任务，需要理解什么？例如，描述出制作竞品清单的原因。与之大致对应的是教师角色的辅导者，传递的是思想与理论。

第三，应用。被辅导者为了完成某项任务，需要会使用、应用、运用什么策略、工具、表单、原理、套路等才能完成这项工作。例如，会使用“八载”平台来保护商家原创图片的知识产权等。与之大致对应的是师傅角色的辅导者，传递的是技能与技术。

第四，分析。被辅导者为了完成某项任务，需要分析什么，或者需要什么样的分析能力。例如，每周需要分析后台数据，获得客户基本信息等。与之大致对应的是教师角色的辅导者，传递的是思想与理论。

第五，评价或判断。被辅导者为了完成某项任务，需要做出什么样的判断或者决策，需要什么样的判断能力和决策能力。例如，根据客户的反馈，立即给予客户一定的优惠政策等。与之大致对应的是教师角色的辅导者，传递的是思想与理论。

第六，创造或创新。被辅导者为了完成某项任务，应该能够独立设计、策划、创意性地执行什么样的活动。例如，在双十一期间，设计出某项具体的策划活动，提高客户的黏性和销售额。该维度对被辅导者的综合素质提出了更高要求，涉及多种能力的整合，包括知识与信息、技能与技术、思想与理论，以及价值观与信念等。

从知识结果的角度看，被辅导者习得的知识（广义上的）也有如下四种类型。

第一种，概念类知识。能够帮助被辅导者快速掌握相关领域的专业概念，减少因为概念理解偏差导致的问题。如单品流量、点击率、页面访问深度等。对应的辅导内容层次是知识与信息层。

第二种，流程类知识。指完成一项工作时，必须执行的一连串步骤，又称程序性知识。这类知识，能为被辅导者提供一系列指导性的执行步骤，快速改变行为，达成绩效。如店铺定位操作步骤中的市场分析、人群分析、商品定位和店铺视觉呈现等。对应的辅导内容层次是技能与技术层。

第三种，人际类知识。指通过口头或身体语言的演示，与他人互动的技能。该类型知识能够帮助被辅导者掌握与他人互动沟通过程中的口头或身体语言的表现方式，减少低效沟通导致的成本浪费。例如，售前的沟通技巧，跨部门或模块沟通技巧等。大致对应的辅导内容层次是技能与技术层、价值观与信念层。

第四种，元认知知识。指被辅导者根据经验积累起来的，关于自身认知活动的一般性知识，包含认知自己的知识、认知任务的知识和认知策略的知识。比如，正确地认识自己的兴趣、爱好、学习习惯、能力，以及如何克服自己在认知方面存在的不足等。相对应的是更高层次的辅导内容，包括价值观与信念、使命与志向、愿景和方向的内容。

例如，判断下列辅导内容的类别：

☐ 判断Modem（调制解调器）指示灯状态的四种技巧；

☐ Modem的工作原理；

☐ Modem指示灯正常与不正常情况下的对比；

☐ 判断指示灯是否正常的流程和步骤；

☐ 面对难缠客户的刁难应具备的态度；

☐ 这项技术不可能被攻克和打破的原因。

我们可以把上面的辅导内容划分如下。

一是概念类知识，包括Modem的工作原理，Modem指示灯正常与不正常情况下的对比。

二是流程类知识，判断Modem指示灯状态的四种技巧，判断指示灯是否正常的流程和步骤。

三是人际类知识，面对难缠客户的刁难应具备的态度。

四是认知类知识，这项技术不可能被攻克和打破的原因。

此外，我们可以通过某公司客户经理辅导内容一览来加深印象（见表9-6）。

表9–6　某公司客户经理辅导内容一览

<table>
<tr><td>关键任务</td><td colspan="2">寻求拜访机会</td></tr>
<tr><td>评估标准</td><td colspan="2">通过与客户的初步联系，达成拜访邀约</td></tr>
<tr><td>学习形式</td><td colspan="2">☑课堂面授　☑在岗训练　☑网络微课　☑参考材料　☑咨询专家</td></tr>
<tr><td>存在的问题与难点</td><td colspan="2">建议的解决方案</td></tr>
<tr><td>1. 缺乏电话沟通经验，无法顺利获得拜访机会
2. 对于客户情况的了解浮于表面，过于教条，无法顺利获得拜访机会</td><td colspan="2">1.1 通过向导师及相关内部人员了解客户基本情况，寻求拜访机会
1.2 通过公司内部现场教学，学习销售拜访话术，与客户积极联系，寻求拜访机会
2.1 建议通过对客户基本信息的获取，整理客户故事，能够生动地阐述客户故事，以实现更加自然的沟通，获取拜访机会</td></tr>
<tr><td colspan="3">学习要点（应知应会）</td></tr>
<tr><td>概念类知识</td><td>流程类知识</td><td>人际类知识</td></tr>
<tr><td>1. 客户故事：就是对收集来的客户合作情况进行一定的梳理，形成一个完整的双方合作的生动的故事
2. 客户基本信息：包括客户公司简介、客户公司产品、客户与我公司合作历程、客户与我公司合作产品及服务范围、客户与我公司合作过程中存在过的售后问题及反馈</td><td>1. 初步沟通流程：通过网络、公司CRM（客户关系管理）系统、公司其他部门同事了解客户的公司及对接人的基本情况
2. 进行客户故事描述，从中寻找可以切入的拜访或沟通内容
3. 电话联系客户，进行初次自我介绍，并提出拜访意愿，对于很快答应的客户，可以开始准备拜访资料；对于推脱的客户，建议留下自己的联系方式，以在后期寻求拜访机会</td><td>1. 销售话术：通过内部培训及角色扮演，学习销售基本话术，并结合客户故事生动描述整个合作过程
2. 沟通能力：清楚地传达和接受信息来满足所有需求，在寻求拜访机会阶段，要有效地表达自己的拜访意愿，并在初次沟通中了解当前的合作中是否存在潜在的问题。参考话术：“您好，我是××公司的××，是负责您这边的大客户经理，因为我刚到任，希望能和您见面认识一下，方便未来我们工作上的交流，您什么时候方便？”
3. 人际理解能力：通过观察他人的语言、语态、动作等理解他人的观点，觉察他人的感受，把握他人的需求。如果第一次的拜访要求被拒绝，这个时候需要去理解客户拒绝的原因，寻找新的拜访机会。参考话术：“这次您没空的话，那您先加我一个微信，到时候再约，我们合作也挺久的了（或刚合作），找时间我们可以碰一下，看看有没有需要改进的地方。”</td></tr>
</table>

ORIID五大计划性问题复盘

ORIID是人的大脑思考问题的自然框架，应用十分广泛。基于此原理的五大计划性问题，组成了辅导中较为常用的发问框架，也可以作为本书每一章回顾复盘和提炼总结的方法。

回顾一下，从这一章中你的主要收获有哪些？请用ORIID五大计划性问题对本章的内容进行结构化的提炼总结（见图9-3）。

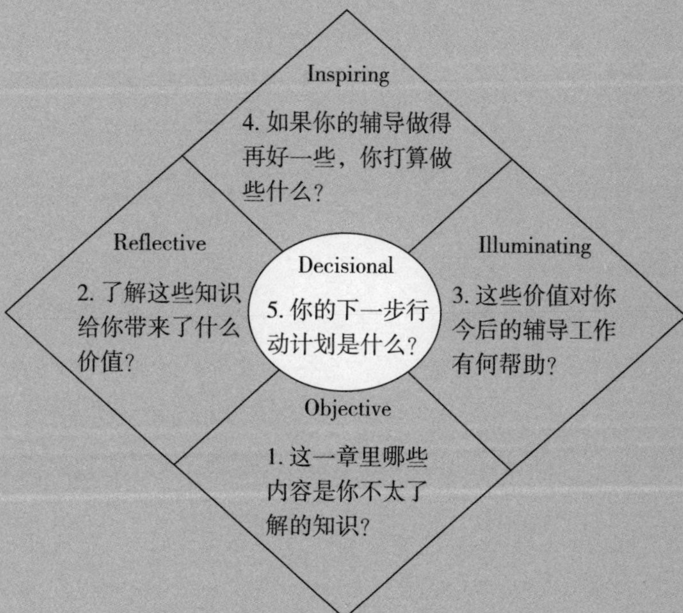

图9-3　ORIID五大计划性问题

本章小结

目标是辅导的方向和指南，设定符合SMARTER原则的辅导目标，是有效开展辅导的前提和基础。本章提供了撰写目标的ABCD法、分析辅导任务的BAG技术、场景式推理辅导法，以及单项关键任务辅导法等工具，帮助辅导者设定辅导目标、萃取辅导内容，并有效地将其传递出去。

第十章　价值观整合

按照新华字典的定义，价值观是“关于价值的一定信念、倾向、主张和态度的观点，起着行为取向、评价标准、评价原则和尺度的作用”。心理学认为，价值观是积极正向的情绪情感和内在状态。可以看出，这些定义都与人的内在和意义相关，所以，价值观是一个人内在动力的主要来源。当人们做着与自己价值观相一致的事情，就会表现出更多的兴趣，有更多的投入，有源源不竭的动力；而如果做着与价值观背道而驰的工作，浑身就会感到别扭，打不起精神，表现出极度的不适应、不和谐，从而引发消极的情绪反应。

领导力大师蒂奇认为，成功的领导者就要身心一致地宣传和践行价值观，并提出了五种修炼途径：

- □ 将一套价值观清清楚楚地说给整个组织或团队；
- □ 不断地对这些价值观进行思考，以确定它们确实有助于实现预期的目标；
- □ 用自己的行动践行这些价值观；
- □ 鼓励他人在进行决策和行动时遵守这些价值观；
- □ 积极而负责地面对和处理那些不理睬或抵制这些价值观的少数群体。

卓越的辅导者也应该是一名成功的领导者，需要把更多的精力投入价值观的传递、探索、更新、践行和整合上，从而更好地发展人、培养人、成就人。

一、价值观传递

1. 言教：形成可传递的思想

本尼斯说，从根本上讲，领导力就是改变一个人的观念和心态的能力。价值观辅导，正是帮助对方改变对世界的看法，形成共同的价值趋向，进而为实现想要的成果而奋斗。辅导者在领导、管理等实践过程中，形成了大量的经验、感受和做法，但这些宝贵的资源仅仅留存在辅导者的心中，并未得到开发和挖掘。

提炼可传递的思想，是一个日积月累的过程。体验和感受变成可传递的思想和价值观，这是一次有难度的跨越，因为将隐性的、内在的东西显性化，形成对方听得懂的、学得会的、可实践的知识，对辅导者来说需要的是另外一种能力。

野中郁次郎在《创造知识的企业：日美企业持续创新的动力》中提到，从暗默知识到形式知识的表出化过程是顺序地使用比喻、类比和建模。这种方法对一个组织适用，对一位辅导者也同样适用。辅导者要将自己的经验和体验“表出化”，可以采取以下三个步骤。

第一，比喻。想象用另外一个事物来认识或解释你要表达的“内在”，你不需要做逻辑的理性分析，也不用做归纳和综合，只需要用形象化的比喻来表达你想要的意思即可。

第二，类比。比喻可以直接将一开始“风马牛不相及”的两个事物关联在一起，这只是形象化的连接。类比就需要理性地回答它们在结构上、功能上、形象上等方面存在哪些相似性。如此，它们之间的关联性就从形象和感觉变成了逻辑和理性。

第三，建模。形象和逻辑创造了概念，但这个概念还停留在知识的初级形式，需要将其模型化，从而更便于传递和吸收。在这个模型结构里，可以使用系统化的语言和缜密的逻辑来表达，也可以用概括性的描述和图形化的方式来表示。

2.身教：成为可供模仿的导师

辅导者的角色纵然有多个层次，但作为导师可以为被辅导者带来有力的价值观影响。一旦被辅导者内心将你认定为导师，他们就会视你为榜样，模仿你的行为表现和思维模式，希望达到和你类似的表现和成就。

人们选择一位导师，就选择了一份信念，就是在表达对某种价值观的认可。从某种意义上讲，导师其实就是某些价值观的承载，导师相信什么，他们就跟着相信；导师坚持什么，他们就尝试坚持；导师憎恶什么，他们也会一样憎恶；等等。所以，导师身份的辅导者，需要更多地从积极正向的方面影响和帮助被辅导者，从更深层次激励和认可他们，成就未来更多的可能性。

“正人先正己”的道理很简单，但如何做到却考验着辅导者的觉察力和行动力。成为被辅导者心中的榜样，这也是一种能力，需要不断地自觉地树立和强化。辅导者可以经常回答如下问题：

□ 我在什么领域是一个好榜样？

□ 我有哪些行为表现值得他人学习和模仿？

□ 我具备什么样的能力和影响力？

□ 我有什么特质和价值观吸引他人和我在一起？

□ 我在他人心中是什么样的人？

□ 我能给他人和组织贡献什么？

二、价值观探索

价值观传递部分讲的是辅导者如何把自己价值观的内在部分，形成可传递的思想和观点，从而更好地影响被辅导者。而价值观探索，是需要辅导者通过一定的方式方法逐步了解被辅导者的价值趋向，从而有的放矢地加以引导和支持，促进对方更深层次的成长和改变。

1.闪光时刻

每个人的生活经历都是独特的，也都有各自的闪光时刻。这个闪光时刻可能是重大项目成功带来的喜悦，也可能是生活中的“小确幸”；可能是成人后的一次职业成长，也可能是孩提时代的玩耍，只要是一下子想起来的、说出来的，都是这个人非常认同的闪光时刻。

闪光时刻的最大意义在于，它有无限的能量资源，如同地球留给人类的石油、地热、矿藏等资源一样，辅导者可以帮助被辅导者开发潜在能量，发现背后的价值取向。辅导者可以参考如下问话：

□ 在过往的经历中，你最闪光的时刻有什么？

□ 那个时刻你在做着什么重要的事？

□ 这件事情你最看重它什么？它给你带来了什么？

□ 那个时刻体现了你什么样的价值观？

2. 困境启迪

人在困境挑战中最容易收获成长。在困境中完成突围，在挑战中实现突破，如同一名战士在每次战斗中取得胜利一样。教训是在实战中历练总结出来的，经常性地反思自己，可以不断地回顾得与失、对与错，知道如果再遇到类似情景怎么做才会更好。所以，辅导者同样可以帮助被辅导者于困境中学习，发现其面临挑战时的处世方式和思维模式，探寻其背后的价值观。可以参考如下问话：

□ 回忆一下你陷入困境的那个情形，那时候你是什么样的感受？

□ 这样的感受不是你想要的，那你想要的是什么？

□ 如果你拥有了自己想要的，会给你带来什么样的价值？

3. 学习偶像

标杆学习是一种重要的学习方式，一个人找到自己值得学习和模仿的对象，是一件非常幸运的事。有些人在工作生活中，通过读书、实践、新闻等方式发现其他人值得学习的地方，某个时期或某个时刻，会将这些人作为自己学习的偶像。他们希望获得的可能是外在的行为表现，也可能是内在的品质品格，但这些都是值得学习的地方。辅导者可以帮助被辅导者主动发现这样的学习对象，加速他们的学习成长，也可从中探索被辅导者的价值追求。可以参考如下问话：

□ 你的偶像是谁?

□ 他身上有什么品质这么吸引你?

□ 在这么多的品质中，你最看重的是哪几个?

□ 如果你也具备了这些品质，会给你带来什么?

4.形容比喻

人的思考方式总体有三种形式：第一种是向上归纳，从不同要素中转向更大、更概括、更抽象的信息水平，如高铁、飞机、地铁、汽车等都是交通方式；第二种是向下演绎，从某种元素出发，转向更精确、更具体的信息水平，如人力资源管理与招聘、薪酬、培训、绩效管理之间的关系等。第三种是横向的，通过形容和比喻的方式，丰富人们的视角，拓展感官的通道，帮助人们更加形象地理解和思考。若辅导者善于运用打比方的方式，好处有很多，不仅可以拉近双方距离，让对方感到好玩，还可以探索出他们喜欢什么，看重什么，为什么喜欢和看重，背后的价值观是什么等。可以参考如下问话：

□ 如果你是小说里的主人公，你会怎么做? 这样做会给你带来什么价值呢?

□ 假如你像孙悟空一样会七十二变，未来你最想变成什么? 它会给你带来什么?

□ 你在团队里的角色，如果用一个动物来表示的话，你觉得自己像什么? 为什么?

□ 接下来一年的辅导期内，如果你像一棵树一样生长，你最希望自己是什么树? 为什么? 它的什么品质是你最看重的? 如果你拥有了这样的品质，你会以什么样的状态投入辅导呢?

5.荒岛窘境

最窘迫的时候，最容易看出一个人的价值观。假如人在一个荒岛，一开始是要逃离还是选择生活下去？是要短期生存还是做持久战准备？是被动等待还是主动创造？这些都反映出那个人的价值趋向。辅导者可以适时问出类似问题，以此判断被辅导者的价值观。可以参考如下问话：

- ☐ 如果你要去荒岛，只能带三样东西，你会带什么？为什么？
- ☐ 如果可以带一个有信号的手机，你第一个会打给谁？
- ☐ 如果可以带上一本书，它是什么书？会给你带来什么？
- ☐ 如果和几位朋友一起，你会和谁一起？他们为什么对你这么重要？
- ☐ 如果你不得不在荒岛上度过余生，你会如何生活？

6.假如结构

价值观直接与渴望和意义相关，诠释的是人们生活的原发动力。所以，辅导者在对话中需要聆听和澄清对方想要的到底是什么，看重的有哪些，探索其背后的动力来自哪里。假如式的问话结构，可以直接捕捉到对方背后的潜在动机，为深层辅导做好铺垫。这种结构需要结合与被辅导者的对话内容，灵活组合实施，以下问话可供参考：

- ☐ 如果你真的做到了这些，会发生什么呢？
- ☐ 如果你现在就行动，那会是什么样的结果呢？
- ☐ 想象一下，如果你已经把你担心的所有问题都解决了，那你的想法又会有什么不同呢？
- ☐ 开始行动！这些你都已经做到了，那么将会发生什么？

案例

被辅导者：我最近感觉自己太累了，不够放松，身体绷得紧紧的，做事的时候很专注，不舍得结束，使得我没有放松的时间，身体不舒服。

辅导者：那你什么时间最放松？

被辅导者：我没有主动放松过，工作太满了，我很吝啬放松。对我来说，与专注相比，放松是不重要的。

辅导者：那你觉得放松和专注如果同样重要的话，会是什么样子？

被辅导者：那安排时间的时候，放松就会被列入周计划内。

辅导者：如果把放松列入了你的周计划，长此以往又会怎样？

被辅导者：那我就会更加平静从容，做事不疾不徐。

辅导者：如果你能长时间持续地做到平静从容、不疾不徐，未来的你又会怎样呢？

被辅导者：这正是我想要的，我会非常享受的。

辅导者：非常享受的你，会是什么样子的呢？

被辅导者：精神状态很好，而且会持续很久，身心都是健康的、有节奏感的。

辅导者：如果用一个小动物来表示那个时候的你，那是什么呢？

被辅导者：小蜗牛。

辅导者：什么样的小蜗牛呢？

被辅导者：慢悠悠的，干什么都是这个节奏，不管外界环境是否在变，小蜗牛都是这样的节奏。

三、价值观整合

从学习变革逻辑层次看，价值观处于整个逻辑系统的中点，是连接上三层和下三层的中间枢纽。无论对于个人，还是团队和组织，下面层次的行为和能力都支撑着关键价值观的实现。同时，价值观又和身份、愿景连接在一起，贯通着精神层面的世界。价值观如同一棵树的树干，与根紧密相连，扎入泥土越深越牢固；与树枝和叶子相接，外化展示其形象和成果。但其根本还是根部扎入泥土的深度、适应土壤环境的程度。

迪尔茨也认为，价值观与愿景、身份需要保持一致性，在一个高效的团队或组织中，每一个个体在所处的微观环境中的行为和更高层次的愿景及目标都是协调一致的。所以，辅导者需要具备整合的能力，引导被辅导者在微观的行为层面与宏观的愿景层面保持一致性。这种一致性需要在以下三个方面着力。

第一，个人内部的一致性。被辅导者之所以接受辅导，某种程度上也来源于不一致。就个人而言，可能是行为层面不符合企业的绩效标准，能力上不足以支持更好地完成当下任务，价值观上还不能融入团队，对公司的身份认同感还不够，个人对公司发展的未来愿景使命处于模糊混沌状态，等等。通常某个层次的不协调，都会以问题的形式呈现出来，辅导者需要运用辅导的技能使其回归和保持到协调一致的平衡状态。

第二，愿景和目标的一致性。辅导者与被辅导者构建的辅导系统总是处在更大的系统背景下，既有着自己的运行系统目标，同时也在更大系统目标的指导之下。所以，被辅导者个人的“小我”目标，一定要在辅导双方的系统使命之下，与其保持相对的一致性，否则“小我”可能反而会伤害辅导系统目标的达成。同时，辅导系统的目标也应与更大系统的目标保持一致，团队目标的达成要能支持组织目标的实现。

第三，愿景和目标是有层次性的，个人系统的“小我”愿景和目标、辅导系统的“中我”愿景和目标，以及团队和组织的“大我”愿景和目标，需要保持整体的一致性。辅导者需要具备系统思维和整体观，通过辅导对话来保证愿景和目标的一致性，使得“小我”的目标要在更大系统的目标之下，更大系统的愿景方向要能够支持“小我”的志向和价值实现。

ORIID五大计划性问题复盘

ORIID是人的大脑思考问题的自然框架，应用十分广泛。基于此原理的五大计划性问题，组成了辅导中较为常用的发问框架，也可以作为本书每一章回顾复盘和提炼总结的方法。

回顾一下，从这一章中你的主要收获有哪些？请用ORIID五大计划性问题对本章的内容进行结构化的提炼总结（见图10-1）。

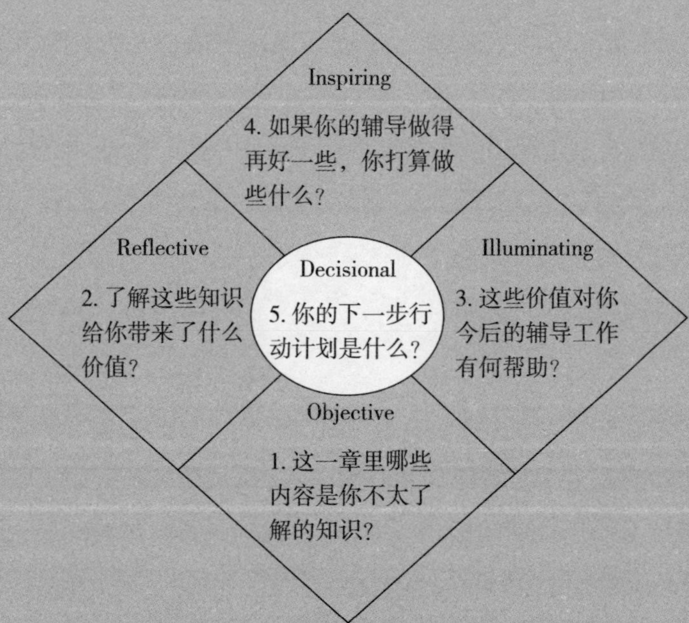

图10-1　ORIID五大计划性问题

本章小结

辅导者是组织价值观的承载者和传承者，应善于通过言教，形成可传递的思想，影响被辅导者；通过身教，成为供被辅导者学习模仿的导师。为辅导者提供6种实用工具，以支持辅导者，引导被辅导者发现和觉察自己的价值观，达成与自己、与身份、与愿景的一致性。

第十一章　愿景激励

心理学家威廉·詹姆斯说过，从古到今，会考虑到最遥远结果的影响的人，一直被认为拥有最高智力。愿景是关于未来的图像，一个人、一个组织有了愿景就有了前行的方向，如海边的灯塔、如黑夜中的星火。愿景带给个人和组织的，是生生不息的动力，是砥砺前行的力量，是矢志不渝的坚持，有了愿景就会备受激励，就会主动跨越重重阻碍，就会产生无限的创造力。

辅导者通过愿景激励他人，是更为高级的辅导方式，因为愿景辅导带给他人的不只是当下任务的完成、具体行为的改善，也不只是某种能力的提升、价值观的塑造，而是唤醒和激励人们走向未来的方向，感受未来带来的变化，体悟未来产生的影响。

一、七种不同的愿景理解

彼得·圣吉在《第五项修炼——学习型组织的艺术与实践》中提出人们对于愿景的7种态度，反映出人们对愿景的认识并不一致，而且是有层次性的。辅导者认识愿景的层级决定辅导的层级，决定着运用愿景激励的效果。根据圣吉提出的七个层级的划分，我们认为辅导者也存在着七种不同的愿景理解，如图11-1所示。

第一，承诺投入。想要、志愿实现愿景，创建任何必要的“法则”框架。这个层级的辅导者是愿景激励的践行者，个人心中有愿景，且能融入团队和组织的大愿景之中，自我激励、自我成长、自我变革。同时他们又将这份承诺和投入运用到辅导实践中，鼓励更多的人发现自己、认知自己、发展自己，用愿景牵引行动，指引前行。

第二，报名加入。想要、志愿在“法则的内在精神”范围内做力所能及的事。这个层级的辅导者，他们的愿景段位同样很高，对未来自己想要什么、

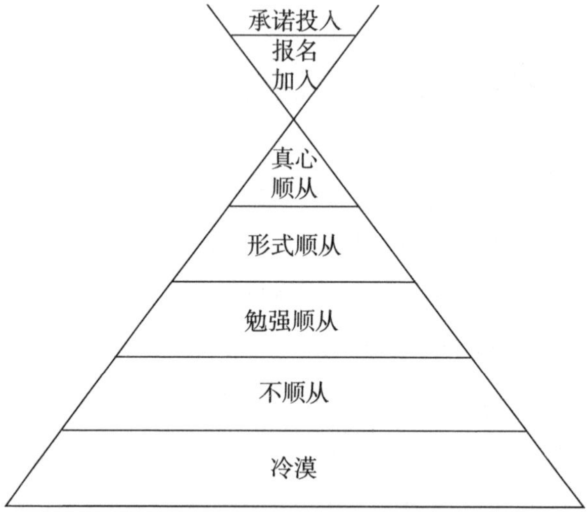

图 11-1　七种不同的愿景理解

做到什么、达成什么非常清晰，对团队和组织的愿景有一定的积极性，但融入的主动性没有上一个层级强烈。同时他们也愿意通过愿景辅导他人，不过没有那么紧迫和急切，对被辅导者的积极性要求较高。

第三，真心顺从。看清了愿景的好处，会做任何被分派做的事，而且会多做，遵守规则，是“好兵”。这个层级的辅导者，也是一位卓越的被辅导对象，他们能看到愿景对于自己、团队、组织的好处，愿意去躬身实践和参与，会为此多做些事情，而且乐此不疲，但愿景激励自己和他人的效果有限，顺从有余，主动创造不足。

第四，形式顺从。大体看清了愿景的好处，会做被分派做的事，但不会多做，是“还不错的兵”。这个层级的辅导者，只能算是“合格兵”，虽然知道愿景的重要性，但出于各种原因，不愿意多做事情，不会主动将自己的愿景勾勒得更清晰，不愿意主动融入共同愿景，更不愿意通过愿景激励他人。

第五，勉强顺从。看不清愿景的好处，不过还不想为它丢掉饭碗；分配做的事，不得不做，做得差不多就行了；并且还明确表示，他并不是真心合作。这个层级的辅导者很有意思，组织安排他成为辅导者时，他不得不接受，但很不情愿，认为辅导他人费事耗神，没有什么好处，看不到辅导带给自己的价值。被辅导者在他的辅导之下，只会例行公事，效果可想而知。

第六，不顺从。看不清愿景的好处，不愿做被分派的事。“我不做这个，你不能强迫我做。”安排这些人当辅导者，是件麻烦事，他们对愿景的价值没有认知，也不愿意从事愿景方面的工作，更不可能通过愿景启发和激励他人。如果组织安排他们做辅导者，他们会强烈地抵制。

第七，冷漠。既不反对，也不赞成愿景；没兴趣，没干劲儿；“到下班时间了吧？”这些人不可能成为辅导者，他们是消极人群的代表，“当一天和尚撞一天钟”，认为愿景是在给别人“画大饼”，不现实，对愿景这样的话题根本没兴趣。

辅导者可以对照一下自己，当前处在哪一个层级，你怎么看待愿景，如何认识辅导，如何通过愿景推进辅导。如前文所讲，卓越的辅导者是身心合一的、言传身教的。要想通过愿景更好地激励他人，首先自己应该是一位愿景的修炼者和践行者。

二、修炼自我愿景

辅导者大都是有经验的传承者，从下到上处在第三层级愿景以上，对个人、对团队、对组织有着一定的愿景认同。在辅导者成长的过程中，愿景能激励人心，会让人精神更加振奋，会让生机重新焕发，会让激情得以迸发，辅导者自身在愿景的美好体验中，收获价值、收获成长。梳理下来，修炼自我愿景时需要有以下三个阶段和步骤。

第一，探寻。愿景不等于梦想，但与梦想息息相关。追梦的人，首先要知道他的梦是什么；探寻愿景的人，也要知道他的未来图景是什么样子。探寻需要勇气，一些人之所以冷漠和不顺从，那是他们生活在舒适区里，没有改变自我的动机。而改变则需要清晰地认知自我，知道自己当下的状况，知道自己要去的彼岸，知道两者之间的差距，然后带着勇气去探索、去尝试、去感悟。探寻会伴随着未知感，如同走在黑漆漆的山洞，不知道何时可以走到出口，走到阳光出现的地方。同时，探寻正是因为这种漆黑的未知感，才更加有趣和美妙。生活的不确定性带给你很多的创造性，可以任由你尽情地书写和描绘。探寻精妙的地方在于过程，而不一定立即得出结果，因为结果会自然来临。

第二，创设。愿景画面的生成，并不全是意识的贡献，完全意识下的愿景不是真正的愿景。愿景是头脑、心脑、腹脑整体作用的结果，是深层次的潜在意识的连接和创建。如同作画一般，人生的愿景画面需要自己一笔一笔去勾勒，从探寻中收集而来的都可以成为你创作的素材，可以为你的图景做出贡献。同时，美好的画面未必是一气呵成的，需要不断地创造、补充、完善，因为环境在变、内在在变，你与世界的连接也在变。但这些并不影响你"作画"，你可以先创设出1.0版，再慢慢地迭代和升级，随着自己的成熟度、对外界环境的适应程度不断提升，愿景画面的版本也会不断更新，以满足你的内在成长的新需求。升级迭代的愿景创设思想，会让你保持持续的新鲜感，从而形成创设、更新、迭代的螺旋式升级成长的良性循环。

第三，生成。愿景画面的生成，是自然浮现的结果。如同化学结晶现象一样，达到一定的温度和条件，结晶就会出现。不过，很多愿景画面并没有完全生成，"胎死腹中"的现象比较普遍。"行百里者半九十"也就是这个道理。最后快要生成的时候，温度突然降了下来，结晶的条件突然消失，愿景画面草草创设，还未完全形成和巩固就匆匆结束。画面生成是需要锚定的，大脑生成景象纵然美好，但神经元的连接并不牢固，还需要不断地刺激和强化，将画面神经元不断地黏合和积聚，牢牢印在你的脑海里，成为指挥你前行的明灯。21天的画面浮现练习是很好的方式，找到自己最适合的时间，每天固定一个时候反复想象愿景的画面，会令你的愿景更加具象化，越来越清晰，持久激发你内在的潜力。

三、激励他人愿景

卓越辅导者是愿景激励的亲身体验者、实践者和获益者，更愿意通过愿景的方式激励他人、成就他人。这个时候，辅导者的身份不是自我愿景的探索者，而是帮助他人发现愿景，并整合到更大系统之中，最终实现愿景的领导者。激励他人愿景一般有以下三个步骤。

第一，发现。愿景居于逻辑层次的最上端，追求的是未来美好的共同画面，所以利益相关者不再拘泥于自己，而是带给团队、组织及更大系统影响和价值。辅导者需要引领对方去逐步探索和发现未来的那个画面，看到未来有影响力的景象。这绝不是通过一句话“你的愿景是什么”就能获得的，而要搭上价值观、身份的“梯子”才能慢慢浮现。愿景也不是直接问“未来你给这个世界带来什么”这么简单的问题就可以看到，而是在探索未来“小我”的部分，锚定固化之后，再谈到更大系统的“大我”层面才能看到。所以，激励他人发现愿景，可以从价值观出发，找到个人的角色和志向，而后探索对相关利益者的影响，逐步浮现愿景的画面。紧接着可以让对方看到那个时候他在哪里，进而确认他的使命，为实现愿景做一次锚定。

第二，整合。人都生活在特定的系统里，个人的愿景需要和集体的愿景进行整合，才不会冲突，才会发挥愿景应有的激励价值。整合的前提是更大系统要有明确的愿景，这也是很多团队、组织重视愿景、使命、价值观的原因所在。在更大系统的愿景里，个人的愿景画面是更大系统的组成部分，在大画面的视角下看待个人的愿景会更加全面和协调，如此个人的价值彰显才有平台的依托。我们不主张一味强调和放大个人愿景的崇高地位，过多强调使命唤醒带给个人的满足，而是要站在更大系统里思考和定位，发现个人在系统中的位置所在。辅导者需要有系统的思想，激励他人焕发能量，更加精神振奋地投入到工作学习之中，而这些都是在更大系统愿景的画面里。只有如此整合，才能真正发挥愿景的融合、协同、凝聚的作用。

第三，共同化。愿景的共同化并不是来自“高层”的宣示，更不是自上而下的强制推行，因为愿景需要根植于每个人的内心，它不仅是“我的愿景”，更是“我们的愿景”，是大家都认可的共同愿景。辅导者肩负着这样的使命，通过辅导将被辅导者的愿景融入进来，整合到大的愿景之中，从而创造出新的大愿景画面。所以，共同化的过程，就是一次次个人愿景被整合进来的过程，就是大愿景被不断更新的过程。在这方面，辅导者具有特殊的优势地位，因为可以通过一次次辅导对话，自下而上地将个人愿景不断地融入更大系统之中，从而逐渐书写出组织的共同愿景。

四、推广共同愿景

愿景的价值自不必说，尤其是在激励、协同、凝聚等方面有重要的价值。但往往许多愿景很难在组织内扎根和推广，其原因圣吉归结为增长极限模式的作用。在组织中，一开始传播愿景的时候，大家纷纷谈论并开始追求愿景，慢慢地共同愿景变得越来越清晰，从而吸引大家更多的沟通、更热情的追求。这是一种非常理想的正反馈过程，也是很多组织孜孜以求的愿景推广状态。

同时，随着组织中新人的不断加入，人们不同的观点会分散大家对愿景的关注程度，愿景的凝聚性被多元化的观点稀释，有时会产生新的矛盾和冲突。一些人会认为愿景有些“陈旧”，不适合新时代了；会觉得自己的愿景和原来的相冲突，无法融入进去；等等，如此这种分歧会逐步扩大，随之便产生负向反馈。正是由于多样化、分歧和限制愿景传播的原因，很多组织的愿景是一次性的，停留在口号上，装在了公司的文件袋里。

辅导是推广愿景的“基层组织”，要想突破增长极限模式的束缚，需要持续扩大正反馈的优势，防止负反馈的蔓延。辅导者的经常性对话，可以支持对方将愿景变得更加清晰，热情更加持久；可以探索多元观点背后的价值观，发现个人和组织的共同之处；可以运用系统思考的方式，引导被辅导者从更大的系统、更高的视角看待自己，看待团队，看待组织。

ORIID五大计划性问题复盘

ORIID是人的大脑思考问题的自然框架，应用十分广泛。基于此原理的五大计划性问题，组成了辅导中较为常用的发问框架，也可以作为本书每一章回顾复盘和提炼总结的方法。

回顾一下，从这一章中你的主要收获有哪些？请用ORIID五大计划性问题对本章的内容进行结构化的提炼总结（见图11-2）。

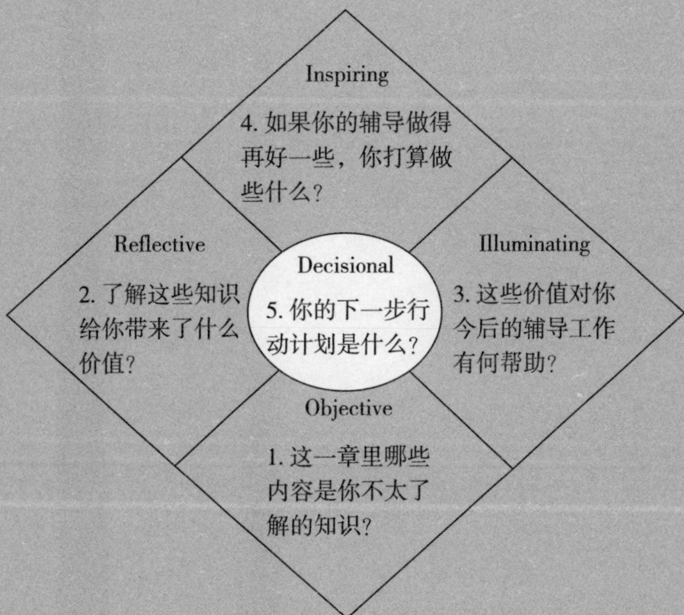

图11-2　ORIID五大计划性问题

本章小结

愿景是员工努力前行的方向。本章介绍了愿景的七个层级，提出探寻、创设、生成的愿景自我修炼途径，愿景激励步骤发现、整合和共同化，以及辅导对话是推广共同愿景的“基层组织”形式。

参考文献

[1] 斯黛拉·柯林斯.全脑体验：如何运用脑神经科学与心理学提升培训效果[M].周涛，等译.南京：江苏人民出版社，2017.

[2] 梅迪纳.让大脑自由（经典版）[M].杨光，冯立岩，译.杭州：浙江人民出版社，2015.

[3] 蒂奇，柯恩.领导力引擎[M].周景刚，译.北京：中国人民大学出版社，2010.

[4] 罗伯特·迪尔茨.归属感[M].庞洋，译.北京：北京联合出版公司，2019.

[5] 迪绍夫.元认知：改变大脑的顽固思维[M].陈舒，译.北京：机械工业出版社，2014.

[6] 加扎尼加.双脑记：认知神经科学之父加扎尼加自传[M].罗路，译.北京：北京联合出版公司，2016.

[7] 吉利根，迪尔茨.英雄之旅：自我发现的旅程[M].伍立恒，译.西安：世界图书出版西安有限公司，2012.

[8] 格兰特·苏萨鲁，马文·奥卡.三脑教练：开启头脑、心脑、腹脑合一的巨大能量[M].石蕊，译.北京：华夏出版社，2019.

[9] 芭芭拉·普拉西尼格.基于学习风格的差异化教学[M].郑晓梅，译.北京：中国青年出版社，2019.

[10] 哈佛商学院出版公司.训练与辅导：培养高端人才，获得最佳绩效[M].方东葵，邹良斌，译.北京：商务印书馆，2007.

[11] 周涛，等.四元八步·脑友好型课程设计[M].南京：江苏人民出版社，2018.

[12] 玛丽莲·阿特金森，蕾·切尔斯.唤醒沉睡的天才：教练的内在动

力［M］. 古典，王岑卉，译. 北京：华夏出版社，2018.

［13］约翰·P. 科特. 变革的力量［M］. 王雯潇，译. 北京：中信出版社，2019.

［14］约翰·伍登，史蒂夫·贾米森. 教导：伍登教练是怎样带队伍的［M］. 杨斌，译. 北京：清华大学出版社，2020.

［15］齐忠玉. 乔哈里窗沟通法：深层沟通的心理学途径［M］. 北京：中国电力出版社，2010.

［16］柯林斯，等. 基业长青［M］. 真如，译. 北京：中信出版社，2002.

［17］伯恩斯. 领袖（插图版）［M］. 常健，等译. 北京：中国人民大学出版社，2016.

［18］罗思韦，齐. 成为高效的导师型领导者［M］. 邱源林，李学琴，译. 北京：电子工业出版社，2016.

［19］斯托洛维奇，吉普斯. 交互式培训：让学习过程变得积极愉悦的成人培训新方法［M］. 派力，译. 北京：企业管理出版社，2012.

［20］贝尔，戈德史密斯. 成为导师型经理人：如何帮助员工学习成长［M］. 周迪，郭心蕊，译. 3版. 北京：电子工业出版社，2014.

［21］阿特金森，切尔斯. 被赋能的高效对话：教练对话流程实操［M］. 杨兰，译. 北京：华夏出版社，2015.

［22］刘澜. 领导力必修课：动员团队解决难题［M］. 北京：北京联合出版公司，2019.

［23］刘澜. 领导力的第二本书：从经典学领导力［M］. 北京：机械工业出版社，2016.

［24］迪尔茨. 语言的魔力［M］. 谭洪岗，译. 长春：北方妇女儿童出版社，2016.

［25］本尼斯，纳努斯. 领导者（纪念版）［M］. 赵岑，徐琨，译. 杭州：浙江人民出版社，2016.

［26］彼得·圣吉.第五项修炼：学习型组织的艺术与实践［M］.张成林，译.2版.北京：中信出版社，2018.

［27］罗伯特·迪尔茨.卓越元素［M］.伍立恒，译.北京：北京联合出版公司，2018.

［28］凯里.如何学习［M］.玉冰，译.杭州：浙江人民出版社，2017.

［29］安德鲁斯，福克纳.NLP圣经：美国NLP学院专业教程［M］.丁伟，译.北京：世界图书出版公司北京公司，2016.

［30］玛丽莲·阿特金森.高级隐喻：故事转化生命［M］.吴佳，王利娟，杨兰，译.北京：华夏出版社，2018.

［31］杰里米·拉萨路.NLP思维［M］.陶尚芸，译.北京：台海出版社，2018.

［32］罗伯特·迪尔茨.集体智慧：创造生生不息的合作［M］.伍立恒，译.广州：广东旅游出版社，2019.

［33］迪尔茨.从教练到唤醒者——NLP人生成功宝典［M］.黄学焦，等译.郑州：河南人民出版社，2009.

［34］野中郁次郎，竹内弘高.创造知识的企业：日美企业持续创新的动力［M］.李萌，高飞，译.北京：知识产权出版社，2006.

［35］陈春花.激活个体：互联时代的组织管理新范式（珍藏版）［M］.北京：机械工业出版社，2016.

［36］艾米·布兰.教练的大脑：基于神经科学的思维训练［M］.龙红明，译.2版.北京：人民邮电出版社，2018.